L'ALGÉRIE

IMPRESSIONS DE VOYAGE

OUVRAGES DU MÊME AUTEUR :

Louage d'industrie, mandat et commission, 1856, in-8°
 (Durand). — Ouvrage couronné par la faculté de droit
 de Paris.

De l'état actuel du protestantisme en France 1857, in-18
 (Cherbulliez).

Histoire de l'impôt en France 1867-1868, deux volumes
 in-8° (Guillaumin).

Matérialisme contemporain, 1866, in-18 (Sandoz et
 Fischbacher).

Cinq mois à l'hôtel de ville, septembre 1870 — février
 1871, in-8°, 1872 (Guillaumin).

La France républicaine, 1873, in-18 (Germer-Baillière).

COULOMMIERS. — Typ. A MOUSSIN

L'ALGÉRIE

IMPRESSIONS DE VOYAGE

(17 mars — 4 juin 1873)

SUIVIES D'UNE ÉTUDE

SUR LES INSTITUTIONS KABYLES

ET

LA COLONISATION

PAR

J. J. CLAMAGERAN

Docteur en droit, ancien adjoint à la mairie de Paris,
membre de la société d'Économie politique.

PARIS
LIBRAIRIE GERMER BAILLIÈRE
17, RUE DE L'ÉCOLE-DE-MÉDECINE, 17

—

1874
Tous droits réservés.

AVANT-PROPOS

NOTICE BIBLIOGRAPHIQUE

Je reproduis dans ce volume, après les avoir corrigés et annotés, les articles sur l'Algérie publiés dans la Revue politique et littéraire à la fin de 1873 et au commencement de 1874. J'y joins la liste des principaux ouvrages dont je me suis servi, soit pour mon voyage, soit pour mes études.

Andriveau-Goujon, atlas usuel, cartes 27 et 28;

Barbier, itinéraire de l'Algérie, 1855;

Piesse, itinéraire de l'Algérie, 1862;

Saint-Lager, guide général du voyageur en Algérie et en Tunisie, 1873;

Fillias, géographie physique et politique de l'Algérie, 1873;

Munby, Catalogus plantarum in Algeria, 1859;

Rivière, catalogue des végétaux et graines disponibles mis en vente au jardin d'essai, 1869; — Le jardin du Hamma, 1872;

Berbrugger, Le tombeau de la chrétienne, 1872;

Général Daumas, Mœurs et coutumes de l'Algérie, 1858;

Pomel, Races indigènes de l'Algérie, 1871;

Hanoteau et Letourneux, La Kabylie et les institutions kabyles, trois volumes grand in-8°, 1872-73;

Faidherbe et Topinard, instructions sur l'anthropologie de l'Algérie, 1874;

Thuillier, Le royaume arabe devant le jury de Constantine, 1873;

Du Cheyron, Bordj-bou-arreridj pendant l'insurrection de 1871;

Guynemer, Rapport sur la situation des Alsaciens-Lorrains en Algérie, 1873;

Jules Duval, L'Algérie, 1859; — Réflexions sur la politique de l'empereur en Algérie;

De Baudicour, Histoire de la colonisation en Algérie, 1860;

Dr *Warnier*, L'Algérie devant le Sénat, 1863; — L'Algérie devant l'empereur, 1865; — Rapport sur le projet de loi relatif à l'établissement de la propriété en Algérie, 1873;

Duval et Warnier, Un programme de politique algérienne, 1868; — Bureaux arabes et colons, 1869;

Gimbert, Bertholon, Agnély, Alphandéry, Warnier, Armand Arlés-Dufour, Paul Blanc, Saint-Lager, Marès, etc. Cahiers algériens présentés au corps législatif en 1870;

Annuaire administratif et commercial du département de Constantine, 1873;

Procès-verbaux du conseil général d'Alger, 1873;

Procès-verbaux du conseil général d'Oran, 1873;

Paul Blanc, rapport sur l'exposition algérienne à Vienne, 1874;

John Stuart Mill, Principes d'économie politique, t. II, livre V, chap. XI, 1848;

Courcelle-Seneuil, Traité d'économie politique, t. II, livre III, 1858;

Roulleaux, Fragments économiques, 1867;

Paul Leroy Beaulieu, De la colonisation chez es peuples modernes, 1874;

De Ménerville, Dictionnaire de la législation algérienne (1830-1872), trois volumes in-4°, publiés en 1867 et 1872.

L'ALGÉRIE

IMPRESSIONS DE VOYAGE

(17 mars — 4 juin 1873)

Les esprits cultivés qui suivent le mouvement de la littérature politique se rappellent sans doute ce dernier chapitre de la *France Nouvelle* où Prévost-Paradol, avec une clairvoyance que les événements ont bien cruellement justifiée, jetait sur notre situation, en 1868, un regard attristé, puis passant par-dessus les dangers de l'heure présente et soulevant un coin du voile qui nous dérobe l'avenir, nous montrait la race germanique occupant le centre de l'Europe avec une population de 50 millions d'hommes, unifiée sous la rude discipline de la Prusse, la Russie groupant en un seul faisceau sur un immense territoire les Slaves plus nombreux encore que les Germains, enfin au-delà des mers, en Amérique et en Océanie, la race anglo-saxonne créant par son énergie colonisatrice des nations gigantesques auprès desquelles les peuples européens n'auraient plus qu'une importance dérisoire. Il se demandait alors quelle chance nous restait de nous maintenir en quantité respectable sur la terre et il répondait : cette chance suprême s'appelle d'un nom qui devrait être plus populaire en France, l'Algérie. Le livre de Prévost-Paradol me fit quand il parut une impression profonde : il raviva en moi le désir de visiter notre colonie africaine, désir qui me tourmentait depuis longtemps. Je n'acceptais pas sans réserve la conclusion de l'auteur ; mais les doutes mêmes qu'elle laissait subsister me poussaient à la vérifier. J'avais parcouru dans ma jeunesse les États-Unis et l'Orient, j'étais curieux de leur comparer l'Algérie qui me semblait être une sorte d'intermédiaire entre ces deux pays si éloignés l'un de l'autre par la distance matérielle et plus encore par les divergences de l'ordre moral et intellectuel. Le militarisme qui sévissait sous le régime impérial, la terrible crise de 1870 et 1871, des travaux que je ne pouvais interrompre, d'autres circonstances encore retardèrent la réalisation de mon projet. Enfin je me trouvai libre au mois de mars 1873, et le 15 je m'embarquai à Marseille sur le *Peluze*, magnifique bateau à hélice appartenant à la compagnie des Messageries nationales.

I

LA BAIE ET LA VILLE D'ALGER

Le vent du sud. — Durée de la traversée. — Aspect énéral de la baie. — La ville vue du port. — Intérieur de la ville. — Contraste des quartiers et des types. — Conflits entre le gouvernement et la municipalité.

Dès les îles Baléares le souffle de la grande fournaise africaine se fit sentir. C'est une douce chose que le vent du sud, quand il n'est pas trop impétueux et qu'il vous prend tout frissonnant encore des giboulées glaciales qui sont chez nous les traits de Parthe de l'hiver. Ce vent du sud n'est autre que le *simoun* du Sahara et le *sirocco* des régions méditerranéennes, mais en pleine mer, au sortir de la saison froide, après les rafales du nord, il paraît délicieux, il vous réchauffe sans vous énerver ; il vous stimulerait plutôt, parce qu'il vous donne un avant-goût du climat nouveau que vous êtes venu chercher ; il vous annonce les approches d'un pays où la lumière est plus vive et le soleil plus ardent.

Le 17, au lever du soleil, les côtes se montrent; bientôt nous entrons dans la baie, et à sept heures nous sommes au port. Notre traversée avait duré trente-huit heures. Il est rare qu'on mette plus de deux jours. Quelquefois, quand toutes les conditions de succès sont réunies, le trajet se fait en trente-deux heures.

La baie d'Alger, ouverte au nord, a une profondeur de 7 kilomètres, sur une largeur de 20, entre le cap Matifou à l'est et la pointe Pescade à l'ouest. Elle forme un demi-cercle assez régulier d'où se détache en saillie, sur le côté occidental, la ville d'Alger, l'*Icosium* des Latins, l'*el Djezaïr* des Arabes. Ce qui frappe tout d'abord le voyageur venant de France, c'est la série de collines qui se prolonge depuis la pointe Pescade jusqu'au fond de la baie, collines en pente roide, coupées par de nombreux ravins, émaillées çà et là de petites maisons de campagne et prodigieusement verdoyantes. Au milieu d'elles, on aperçoit une masse d'une blancheur extraordinaire qui s'étale sur une vaste croupe, et qui, selon les jeux si variés de la lumière, fait tour à tour l'effet d'un grand tas de craie, d'une carrière de marbre, d'une opale énorme, d'un nuage argenté ou d'un immense gâteau de miel à facettes prismatiques, teinté de blanc, semblable à ceux qui pendent au plafond des édifices mauresques. Derrière la ville et les collines du Sahel une ligne bleuâtre marque dans le lointain la chaîne de l'Atlas. Si on se tourne alors vers la côte orientale, on découvre, à partir du fond de la baie jusqu'au cap Matifou, une langue de terre basse et au-dessus d'elle les cîmes neigeuses, abruptes, menaçantes, des montagnes de Kabylie. On sent tout de suite que par là commence la partie sauvage de la contrée, et l'on se reporte bien vite sur le Sahel qu'on ne s'attendait pas à trouver si vert, si radieux, si riant.

A mesure qu'on approche du port et qu'on s'y enfonce, la ville change d'aspect; les parties hautes occupées par les indigènes disparaissent, les parties basses où domine l'élément européen ressortent de plus en plus; les maisons à cinq et six étages, d'une couleur grise ou jaunâtre, succèdent aux petits cubes blanchis à la chaux; on admire la belle place du Gouvernement avec ses avenues de platanes, son bouquet de palmiers dans un coin, la statue équestre du duc d'Orléans au milieu, et sur la droite la mosquée de la pêcherie brillant sous les rayons du soleil comme une grosse fleur de magnolia; on suit de l'œil la longue ligne du boulevard de la République, quai supérieur soutenu au-dessus du quai de débarquement par de puissantes arcades à travers lesquelles s'entr'ouvent les portes des docks et des entrepôts ; sur la balustrade du boulevard, des centaines d'Arabes enveloppés de leurs burnous contemplent immobiles le mouvement du port et du quai.

La curiosité éveillée par les premiers regards jetés du pont du navire a de quoi se satisfaire amplement à l'intérieur de la ville. Le contraste de deux civilisations différentes mises en présence sur le même sol se retrouve partout : dans la disposition des voies publiques, dans les monuments, les maisons privées, les boutiques, les cafés et les ateliers, comme dans les types, les costumes et les mœurs.

Les principales rues, Bab-el-Oued, Bab-Azoun, la rue de la Marine, la rue de la Lyre, sont droites, larges et bordées d'arcades, assez semblables à celles de notre rue de Rivoli, mais entre ces rues et surtout au-dessus d'elles jusqu'à la Casbah, l'ancien château fort du Dey qui marque le sommet, quel enchevêtrement de ruelles tortueuses, étroites, difficiles à monter, glissantes à la descente, encombrées de mille obstacles, offrant à chaque pas quelque chose de nouveau et d'inattendu, tantôt une échappée sur la mer, tantôt un passage couvert et ténébreux, un vieux palais à côté d'une misérable échoppe ! Ici le café maure où l'on boit, accroupi dans l'ombre, une petite tasse à la main, un liquide épais et plein d'arome; là le café européen où circulent l'air et la lumière, où se dressent les tables de marbre, où se consomment nos boissons habituelles plus fortes que parfumées. Sur la place du Gouvernement les journaux se débitent au guichet des kiosques, on les achète, on les lit et on les discute avec autant d'empressement que dans nos grandes villes ; pas bien loin de là vous trouverez des musulmans faisant leurs dévotions. La nuit on peut entendre tour à tour le son des cloches et la douce voix du mueddin qui annonce l'heure de la prière.

Les quartiers européens l'emportent certainement sur les quartiers arabes au point de vue de la propreté, de l'hygiène et du comfort ; les Arabes reprennent la supériorité au point de vue artistique, si l'on compare leurs édifices avec les nôtres. Parmi les nôtres, je ne vois guère que le théâtre qui soit supportable. Les casernes et les constructions du même genre dans lesquelles se complaît l'art officiel, abondent à Alger et y sont aussi laides qu'ailleurs. La cathédrale, située au centre de la ville, ne présente à l'extérieur qu'une lourde masse qui offusque la vue et ne dit rien à l'esprit. A l'intérieur il y a une belle nef : mais elle est construite en style mauresque et gâtée au fond par le chœur d'un style absolument différent. Si l'on veut voir des œuvres originales et belles, il faut visiter la Casbah, le Musée, la cour de l'évêché, la coupole de l'amirauté, la mosquée Abderrhaman dominant le jardin Marengo, la mosquée nouvelle (Djama Djedid) près de la pêcherie, et surtout la grande mosquée de la rue de la Marine (Djama Kebir).

Le contraste des types est encore plus saisissant que le contraste des édifices, car il se présente à chaque instant et en tout endroit, même dans les quartiers de la ville qui sont le plus homogènes par leur structure. D'après le recensement de 1872, sur une population totale de 48 958 habitants, on trouve 16 162 Français ; 6 997 Israélites naturalisés Français par le décret du 24 octobre 1870 ; 10 433 Espagnols ; 2 455 Italiens ; 1 573 Maltais ; 173 Allemands ; 646 personnes appartenant à des nationalités diverses, et 10 519 musulmans. Ces chiffres ne comprennent ni l'armée, ni la population flottante. La population flottante en hiver et au printemps est assez nombreuse ; la douceur du climat attire les hommes du Nord, les Anglais, les Américains, les Suédois, les Norwégiens.

Les Européens ne se distinguent pas beaucoup entre eux, à première vue ; l'uniformité du costume et des manières dissimule jusqu'à un certain point les différences d'origine, de race, de langue, d'éducation. Chez les indigènes il en est tout autrement. Il n'y a pas parmi eux seulement des bruns et des blonds, il y a des noirs, des mulâtres, des bistrés et des blancs ; le Kabyle avec sa physionomie de travailleur, ses vêtements huileux, son tablier de cuir, sa petite calotte plaquée sur le crâne et surmontée d'un chapeau de paille monumental, se distingue tout de suite de l'Arabe encapuchonné et toujours majestueusement drapé dans son burnous, fût-il en loques ; le Maure au teint blanc mat, d'habitudes sédentaires, foncièrement urbain, gros et gras, soigné dans sa toilette, ne ressemble ni aux Kabyles ni aux Arabes ; les Juifs gardent pour la plupart le costume que les marchands de dattes ambulants ont popularisé chez nous ; longtemps persécutés ils ont dans leurs allures une sorte d'humilité qui est le contraire de la fierté arabe et de la rudesse kabyle. Les variétés des types féminins sont moins apparentes parce que les femmes sortent peu ; cependant on en rencontre assez pour qu'on ne puisse confondre même de loin la Mauresque petite et mignonne, voilée et tatouée, avec ses pantalons larges tombant sur les chevilles, son haïck d'un tissu fin, d'une nuance claire, avec la forte Juive, vêtue d'étoffes riches et pesantes, la poitrine couverte d'ornements d'or, ne cachant ni sa chevelure noire, ni les traits accentués de son visage.

Il faut croire qu'il n'est pas si difficile aux hommes de vivre en paix, quelles que soient les diversités de leurs races, de leurs religions et de leurs mœurs, quand ni les fanatiques, ni les intrigants ne les troublent. J'ai passé vingt-quatre jours en plusieurs fois à Alger ; je n'y ai pas vu une seule rixe, et d'après les informations que j'ai prises, je ne pense pas qu'il y ait plus de querelles, au milieu de tant d'éléments opposés se rencontrant sur un espace aussi étroit, qu'il n'y en a dans des villes constituées d'une manière plus uniforme. Les violences y sont certainement moins fréquentes qu'elles n'étaient naguère parmi les Transtévérins de Rome à l'ombre du Vatican, sous l'aile protectrice du pape-roi. Le conseil municipal est le résultat d'élections auxquelles participent sous certaines conditions de domicile et de situation sociale les étrangers et les indigènes. Il semble qu'un tel organisme devrait exciter et entretenir des conflits perpétuels. Il y a lutte en effet dans le domaine administratif, mais entre le conseil et le gouvernement central, non au sein du conseil lui-même.

L'ingérence gouvernementale dans les affaires des communes est un des traits caractéristiques de l'administration française et une des causes qui ont le plus entravé le succès de nos colonies. Les conflits qui ont eu lieu à Alger sont sous ce rapport très-instructifs. J'en citerai quelques-uns.

Au moment du coup d'État de décembre 1851, il n'y avait pas d'écoles congréganistes à Alger, et le recteur constatait l'année suivante la bonne tenue des écoles laïques ; mais l'empire avait besoin du clergé pour se laver de ses crimes et manipuler la matière électorale. En 1853, les congréganistes sont introduits par un maire non élu, obéissant aux ordres de l'autorité politique : peu à peu ils s'étendent et envahissent l'enseignement primaire presque tout entier. Le 9 novembre 1870, la municipalité, qui n'était liée à eux par aucun contrat, supprime la subvention payée pour leurs écoles, tout en les laissant libres de les maintenir et d'en ouvrir d'autres, au besoin, à leurs frais. Sa décision est régulièrement approuvée par le préfet. En 1871, le gouverneur-général, M. de Gueydon, intervient en faveur des congréganistes. La municipalité résiste. Le gouverneur invoquant une délégation que lui aurait faite le ministre de l'instruction publique annule, par un arrêté en date du 21 mars 1872, la décision du conseil municipal. La municipalité se pourvoit devant le conseil d'État. Le conseil d'État, composé en majorité de cléricaux, repousse le pourvoi par un décret du 23 mai 1873, et aussitôt les congréganistes se disposent à vider la caisse municipale. La sœur Xavérie Mourier, la sœur Épiphane Haldrie, la sœur Marie Framoir et frère Aimarius réclament des indemnités dont le total se monte à la somme de 124 735 francs. Leurs mémoires, véritables mémoires d'apothicaire, n'omettent rien, pas même l'achat de deux tableaux noirs cotés 15 francs. Il semble que les ressources des pères de famille soient inépuisables et affectées, sans réserve, à toutes les dépenses passées, présentes et futures des religieux voués au célibat.

Au plus fort de la guerre contre la Prusse, au mois de novembre 1870, les représentants de la ville d'Alger, mus par un sentiment patriotique, votent un emprunt de 400 000 francs dont le produit devait venir en aide aux efforts du gouvernement de la Défense nationale. Deux mois après, une contribution extraordinaire de 120 000 francs est établie pour une durée de quinze ans, sur le revenu net des immeubles, dans le double but de faire face au service de l'emprunt et de développer les écoles primaires. Retardée par les événements, l'émission de l'emprunt est formellement désapprouvée par le gouverneur le 20 juin 1871. Au mois de janvier 1872, le gouverneur se ravise. Il comprend que le recouvrement de la contribution extraordinaire qui languit se rattache d'une manière intime à l'émission de l'emprunt, et ce recouvrement lui paraît essentiel pour l'équilibre du budget municipal. Cependant, au mois de mars il change une seconde fois d'opinion ; il écarte provisoirement l'emprunt et maintient néanmoins la contribution extraordinaire. La municipalité persiste à soutenir la connexité des deux opérations ; mais reconnaissant que les circonstances ont changé, que des besoins nouveaux se sont révélés, elle propose de porter le montant de l'emprunt à 1 500 000 francs et la durée de la contribution à trente ans. On pourrait ainsi d'une part liquider les charges du passé, charges dues à une insuffisance des recettes et à une augmentation des dépenses tout à fait anormales, et d'autre part entreprendre des travaux indispensables, tels que construction d'écoles et création d'un réservoir d'eau à la Casbah. Le gouverneur repousse cette proposition. L'emprunt et la contribution restent en suspens (1).

Le règlement du budget municipal donne lieu à des difficultés incessantes. La municipalité fixe les prévisions de recettes pour l'exercice 1873 à la somme de 1 336 879 fr. 18 cent. et celles des dépenses à 1 326 717 fr. 50 cent., d'où résulterait un excédant de 11 161 fr. 68 cent. Le gouverneur les détermine à 1 240 561 fr. 57 cent. et 1 319 743 fr. 02 cent.; d'où un déficit de 79 181 fr. 75 cent. En conséquence, l'autorisation d'ordonnancer n'est accordée que pour quatre mois et seulement pour les dépenses obligatoires. Et à propos des dépenses, que de discussions ! La subvention du théâtre (37 060 fr.),

---

(1) Ceci a été écrit au mois d'août 1873. C'est seulement à la fin de mars 1874 qu'on s'est décidé à régler cette affaire par une loi. L'emprunt a été limité à 620,000 fr. et la contribution à 15 ans. Dans l'intervalle, le maire élu a été révoqué et, pour protéger l'honneur du nouveau maire, le général Chanzy a cru devoir proclamer l'état de siége.

facultative aux yeux du conseil, est considérée comme obligatoire par le gouverneur. Par contre, le gouverneur raye impitoyablement du budget une pension de 200 francs accordée à Mlle Kriskiss, ex-institutrice de la commune, devenue aveugle dans l'exercice de ses fonctions.

La confection des listes électorales a fait naître un autre conflit qui s'est terminé d'une manière très-heureuse, non sans égayer quelque peu les Algériens. Le gouverneur, effrayé de la couleur radicalement républicaine des élections, suspecte la liste et décide que dorénavant pour être inscrit ou maintenu, il faudra remplir, ou faire remplir, un bulletin indiquant les noms, profession, domicile, âge et autres qualifications de l'électeur. La municipalité, qui aurait pu contester la légalité de l'arrêté, s'y soumet, et les électeurs républicains s'empressent de remplir la formalité nouvelle ; le zèle est moins grand dans le parti adverse, qui se recrute surtout de fonctionnaires, et, parmi les fonctionnaires négligents, se trouve le gouverneur lui-même. Il est rayé en vertu de son propre arrêté. De là, scandale et colère. Le gouverneur, entouré de tout son état-major, vient à la mairie protester contre sa radiation. Il rencontre une opposition inflexible. Il porte alors sa réclamation devant le juge de paix qui déclare nuls tout à la fois l'arrêté et la radiation.

Quand on voit l'autorité supérieure si absorbée, et, il est permis de le dire, si compromise par son immixtion maladroite dans les affaires municipales, comment s'étonner qu'elle ait été prise au dépourvu par l'arrivée des émigrants d'Alsace et de Lorraine? Prétendre toucher à tout, c'est se condamner fatalement à n'être prêt à rien.

Laissant de côté ces misères, je me hâte de rentrer dans une région plus sereine et moins aride.

II

LES ENVIRONS D'ALGER. — LE JARDIN D'ESSAI.

Promenades au nord et au sud. — Origine du jardin d'essai. — MM. Hardy, Rivière et Durando. — Entrée du jardin. — Allée des bambous. — Allées des palmiers et des dragonniers, des *chamærops*, des *ficus*. — Le lac. — Arbres exotiques divers. — L'*oreodoxa*. — Les bananiers. — Les *grevilea*, les nopals à cochenille. — Les autruches, les norias, etc. — Partie montagneuse du Hamma.

Les environs d'Alger abondent en sites pittoresques et charmants. Si l'on se dirige au nord, on rencontre le joli petit village de Saint-Eugène avec ses maisons tapissées par les feuilles pourpres du *Bougainvillea bresilea* qui entourent une délicate fleur tubulaire d'un jaune pâle, puis la pointe Pescade avec ses roches aiguës, ses grottes creusées par les vagues, ses plateaux herbus où l'on foule les iris bleus à deux pas de la mer; sur la gauche, de l'autre côté de la route, s'élève le mont Bouzaréa qui domine la ville, le Sahel et la baie; à mi-hauteur Notre-Dame d'Afrique assez imposante de loin; des ravins creusés dans les flancs de la montagne offrent au promeneur mille surprises agréables ; d'ordinaire très-sinueux et très-resserrés, ils s'élargissent parfois en petites vallées (*vallées des consuls, frais vallon*, etc.), où se cachent de blanches villas européennes et mauresques ; là, au mois d'avril, les fleurs rouges des grenadiers brillent derrière les haies de cactus et les rossignols chantent en plein jour. Si l'on se dirige au sud, on visitera avec plaisir la commune de Mustapha, on passera dans le beau ravin de la Femme sauvage, on jettera un regard sur le palais d'été du gouverneur, et, poursuivant jusqu'à son extrémité la pointe du Sahel, on montera à la Kouba, colline surmontée par les bâtiments et le dôme du grand séminaire, d'où l'œil plonge sur la plaine de la Mitidja, et derrière la plaine découvre la chaîne de l'Atlas. Entre Mustapha et la Kouba, à 5 kilomètres d'Alger, se trouve le jardin d'essai du Hamma, une merveille qui, à elle seule, vaut le voyage.

Commencé par le gouvernement français, en 1832, sur un terrain marécageux, ce jardin, qui comprend 80 hectares, a été cédé en décembre 1867 à la Compagnie générale algérienne. C'est à la fois une promenade, une pépinière, un jardin d'acclimatation et un jardin botanique.

M. Rivière, le directeur actuel, tout en le rendant plus productif, ne l'a pas laissé dégénérer au point de vue scientifique et pittoresque. Il a vraiment perfectionné l'œuvre glorieuse du fondateur, l'honorable M. Hardy. Des collaborateurs, jeunes et vieux, l'aident avec un zèle infatigable. Nous avons vu au travail sur les lieux, non sans émotion, les représentants de trois générations d'employés : le grand-père, le père et le fils. J'ai visité plusieurs fois le jardin du *Hamma* en mars, en avril et en mai; chaque fois, je lui ai trouvé un charme nouveau ; quelques-unes de ces visites m'ont été particulièrement agréables et fructueuses, ce sont celles que j'ai eu le bonheur de faire avec M. Durando, bibliothécaire à l'École de médecine, qui, pour répandre le goût de la science, met au service des étrangers, et souvent même du public, dans ses moments de loisir, les ressources d'une érudition de bon aloi et d'un esprit ingénieux.

De grands *eucalyptus*, arbres d'Australie sur lesquels nous aurons à revenir, annoncent l'entrée du jardin. On s'arrête sur une petite place pleine d'ombre et de fraîcheur; à droite, on remarque un café maure et un café français, avec une fontaine au fond, puis un chemin qui monte et conduit à une annexe du jardin, annexe moitié sauvage, moitié cultivée, convenant aux plantes qui aiment les hauteurs ; à gauche, s'étend la partie plane du jardin, le *hamma* proprement dit, l'ancien marais transformé par quarante années d'étude et de travail. On entre et l'on fait d'abord quelques pas sous une voûte de magnifiques platanes, qu'on admirerait davantage si l'on n'était pas impatient de voir les arbres des régions tropicales. Un léger bruissement se fait entendre. On dresse l'oreille, on regarde autour de soi, on se trouve dans la grande allée de bambous qui croise l'avenue de platanes ; on s'y engage ; au bout de quelques minutes, on pourrait se croire dans la Chine méridionale ou dans l'Inde. Les tiges de ces vigoureuses graminées s'élancent jusqu'à une hauteur de 15 ou 20 mètres ; elles se pressent drues et serrées l'une contre l'autre ; elles vous isolent entre leurs rangs ; la moindre brise agite leurs longues feuilles et fait résonner le creux qui se forme chez elles aux dépens de la moelle intérieure ; le sol est jonché de leurs larges écailles vernissées ; leur couleur, tantôt ambrée ou bleuâtre, tantôt d'un vert tendre, parfois d'un noir d'ébène, caresse l'œil ; leur contact n'est pas moins doux que leur aspect.

Après avoir suivi quelque temps l'allée des

bambous, on traverse une avenue parallèle à celle des platanes. Elle se prolonge jusqu'à la mer, dont le bleu se montre au bout, et se compose de palmiers-dattiers alternant avec des lataniers et des dragonniers (*Dracæna draco*). Ceux-ci ont une physionomie sauvage qui fait ressortir d'autant plus les formes élégantes et majestueuses des palmiers ; leur tronc est trapu ; leurs feuilles se tordent autour de leur tête comme des serpents ; au mois de mai, d'énormes grappes de fleurs blanchâtres poussent sous ces feuilles, une sève sanguinolente transperce l'écorce et se fige à la surface.

Si l'on poursuit la promenade sur la droite, dans la direction sud-est, on peut prendre l'allée des *Chamærops excelsa* qui coupe le jardin en deux parties à peu près égales ; le *Chamærops excelsa* ressemble au palmier nain (*Chamærops humilis*) par son feuillage en éventail, mais il en diffère par la force et la hauteur de sa tige ; puis on rencontre l'allée des *Ficus* parmi lesquels on remarque le *Ficus elastica* (l'arbre à caoutchouc), non pas faible et délicat, comme dans nos serres, mais plein de vigueur, déployant à l'aise ses branches fermes et saines, d'un vert si riche ; parmi ces figuiers d'espèces diverses, plusieurs ont des racines adventives qui pendent en l'air, s'inclinent vers le sol et s'y enfoncent. Un peu plus loin, à l'extrême limite du Hamma, se trouve un lac où le splendide *nelumbium* brille à côté des papyrus qui secouent sur le bord les touffes de leur chevelure. En hiver et jusqu'à la fin de mars la surface du lac est couverte d'une petite fleur blanche très-gracieuse et très-odorante qu'on appelle d'un nom un peu rébarbatif pour elle, l'*Aponogeton dystachium*.

Entre les allées de platanes, de bambous, de dattiers, de chamærops et de figuiers, comme autour du lac, des centaines d'arbres ou de plantes arborescentes arrêtent à chaque pas le voyageur européen surpris de leurs formes étranges, ou les retrouvant avec joie dans son souvenir, s'il a eu la bonne fortune de visiter l'Égypte, l'Inde, la Chine, l'Océanie, l'Afrique australe et l'Amérique. Le *Jacaranda mimosæfolia* montre ses fleurs bleues à côté des fleurs rouge vermillon des érythrèmes du Brésil. L'*Acacia coccinea* dresse ses aigrettes roses tout près des aigrettes blanches et plumeuses du *Calliandra quadrangularis*. Les *Strelizia* d'Australie accumulés en bordure exhibent, au milieu de leurs larges feuilles, des fleurs bizarres, capricieusement découpées, avec des ailes couleur d'orange et un grand éperon bleu. Derrière les *Strelizia* on aperçoit l'arbre du voyageur qui donne un fruit crémeux et renferme dans ses bractées un petit réservoir d'eau. L'avocatier (*Laurus persea*) mûrit dans une pénombre tiède ses fruits en forme de poire, si recherchés de nos créoles aux Antilles et à l'île de la Réunion. Plus loin on ramasse les petites graines brunes de l'arbre à suif (*Croton sebiferum*) et celles de l'arbre à savon (*Sapindus emarginatus*) fournissant les unes une matière grasse, les autres une substance mousseuse propre au blanchissage. Des *Yuccas* gigantesques semblent, par l'exubérance de leur végétation, avoir retrouvé leur sol natal. Des *Cycas* bien développés font l'effet d'amples corbeilles finement dessinées, remplies à l'intérieur d'une pulpe jaunâtre où s'enchevêtrent une multitude de graines rouges. Le *Cocos flexuosa* se balance gracieusement dans le voisinage du *Chorisia*, dont le tronc roide et conique se hérisse de pointes comme le collier d'un dogue.

J'allongerais indéfiniment cette liste si je voulais la rendre complète, mais je ne puis passer sous silence un arbre originaire de la Havane que les botanistes appellent *Oreodoxa regia*, la gloire des montagnes. Le jardin d'essai en possède plusieurs exemplaires qui forment un groupe admirable. C'est un type d'une beauté achevée. Le tronc lisse, nuancé gris perle, sensiblement renflé au milieu, ressemble à une colonne mauresque taillée dans le plus fin granit d'Égypte. Il est surmonté d'une colonnette d'un vert tendre haute de 2 ou 3 mètres qui se gonfle aussi au milieu et d'où s'échappe, comme d'une gaîne, un superbe panache de feuilles. L'*Oreodoxa* appartient à la famille des palmiers. Son bourgeon terminal est comestible ; on le désigne sous le nom de chou-palmiste.

Les parties les plus découvertes du jardin sont spécialement consacrées à la culture des plantes alimentaires. Entretenus avec soin, les goyaviers des Antilles et les chérimoliers du Pérou donnent des fruits savoureux. Les bananiers occupent un espace considérable. On peut faire une véritable étude de leurs espèces diverses. L'espèce ordinaire (*Musa paradisiaca*), introduite en Algérie par l'ancien directeur du Hamma, s'est répandue peu à peu dans les trois provinces. Au commencement du printemps, on voit entre ses larges feuilles déchirées pendre à la fois les longs régimes de bananes jaunies qui achèvent de mûrir et les grosses fleurs d'un grenat foncé qui préparent pour le mois de mai une nouvelle récolte. Les autres espèces sont pour la plupart purement ornementales ; parmi elles, je ne puis m'empêcher de citer le *Musa rosacea*, plante délicate dont les fleurs sont entourées d'une spathe rose et le *Musa ensete* découvert par Bruce en Abyssinie, qui prend au contraire des proportions énormes ; ses feuilles ont 3 ou 4 mètres de long ; les vents d'hiver ne les entament pas ; soutenues par de fortes nervures rouges elles résistent fièrement aux intempéries des saisons. Un exemplaire du *Musa ensete* a été envoyé aux Açores, en 1866, sur la demande de M. José de Canto.

Il me reste à signaler au bas du jardin, tout près de la mer, l'allée des *Grevilea robusta*, arbres australiens très-élégants de port et de feuillage, qui se couvrent au mois de mai de grappes de fleurs d'un jaune orangé, pourvues d'un pistil curieusement infléchi au milieu des étamines ; non loin des *Grevilea*, les nopals à cochenille ; au bout de l'allée des *Chamærops*, à l'extrémité sud-ouest, un parc d'autruches mâles et femelles, nées dans le jardin ; à divers endroits, les norias ou puits d'arrosements, les abris ingénieux imaginés pour les jeunes plantes, enfin près de l'entrée principale, autour de la maison du directeur, les serres, les collections de petites plantes en pots, les salles où l'on prépare les exemplaires vendus qu'on expédie non-seulement en Algérie, mais en Europe, et dans d'autres pays encore, pour l'ornement des jardins publics ou privés.

La partie montagneuse du *Hamma* n'est pas non plus à dédaigner; les araucarias et les pins des Canaries y sont surtout remarquables. De l'autre côté de la colline, sur le versant méridional, les amateurs de botanique trouveront à l'état sauvage et naturel des plantes dignes d'intérêt, quoique non artificiellement acclimatées; ils pourront ajouter à leurs herbiers quelques beaux exemplaires d'orchidées; nous y avons recueilli des bulbes d'*Ophrys* que M. Planchon, le savant professeur de Montpellier, a bien voulu accepter (*Ophrys anthropophora, lutea, speculum, apifera*).

III

LE SAHEL

Délimitation du Sahel. — Le tombeau de la chrétienne (Kbour er Roumia). — Le plateau de Staouëli. — Les trappistes. — Les vrais colons. — Koléah. — Tefschoun.

On donne en Algérie le nom de Sahel aux massifs montagneux qui bordent la mer et qui sont séparés par une plaine du massif intérieur. Le Sahel d'Alger est nettement délimité à l'est et au sud par la plaine de la Mitidja; à l'ouest, on lui assigne ordinairement pour limite le Mazafran; mais au delà du Mazafran se trouve une chaîne plus étroite, qui est visiblement la continuation de la première, peu élevée comme elle, et comme elle aussi bornée au sud par la Mitidja; cette seconde chaîne finit sur la droite de l'oued Nador. A partir de la rive gauche du Nador, commence un autre massif beaucoup plus élevé qui se relie au massif central de l'Atlas. Ce massif se caractérise tout de suite, sur le bord même de la mer, par une montagne haute de

900 mètres, le Chenoua. Le Sahel, au contraire, a pour point culminant près d'Alger le Bouzaréa qui s'élève seulement à 400 mètres; du Mazafran au Nador, il atteint tout au plus 300 mètres.

Entre le gué du Nador au sud-ouest et la Kouba au nord-est, le Sahel a une étendue d'environ 70 kilomètres. Sa profondeur la plus grande entre la pointe Pescade au nord et Bir-Touta au sud, est de 20 kilomètres; au-dessous du lac Halloula, lac aujourd'hui desséché, elle atteint son *minimum*, elle n'est plus que de 2 ou 3 kilomètres..

La partie la plus rétrécie du Sahel est couronnée par un monument qui a beaucoup préoccupé les archéologues. De loin, ce monument a une forme pyramidale : ses proportions, grandies par l'isolement, paraissent énormes. On peut en faire le tour presque complétement, à une distance de quatre ou cinq lieues, soit en mer, soit en plaine, sans le perdre de vue. Sa vraie forme est celle d'un cylindre surmonté d'un cône tronqué. Des gradins extérieurs, moins hauts et moins nombreux que ceux des pyramides d'Égypte, mais encore assez rudes à monter, conduisent à une plate-forme d'où le regard embrasse un vaste panorama. La hauteur totale est de

33 mètres. La base, déblayée depuis 1866, laisse voir un cercle de demi-colonnes d'ordre ionique, décapitées de leurs chapiteaux qui ont roulé à terre au milieu des broussailles, quatre fausses portes aux quatre points cardinaux, et la vraie porte, très·basse, qui permet de pénétrer dans les caveaux intérieurs.

Les Arabes appellent ce monument *Kbour-er-Roumia*, que nous avons traduit par les mots : « Tombeau de la chrétienne ». Quelquefois on le désigne sous le nom de « Tombeau de la reine ». M. Berbrugger, par ses fouilles et ses recherches historiques, a parfaitement établi qu'il s'agissait du mausolée des derniers rois de Mauritanie, construit par l'ordre de Juba II, dans les premières années de notre ère. Pomponius Mela, contemporain de Tibère, décrivant la côte d'Afrique dans son ouvrage *de Situ orbis*, signale entre Julia Cesarea (Cherchell) et Icosium (Alger) le **monumentum commune regiæ gentis;** or, entre Cherchell et Alger, il n'y a aucune ruine, excepté le Kbour-er-Roumia, qui réponde à l'indication du géographe romain. Le site convenait du reste admirablement à un tombeau royal. A l'ouest, la figure sévère du Chenoua; au nord, la mer souvent mauvaise dans ces parages, une côte inabordable dès que les vents s'élèvent et sans abri; par derrière, au sud, le lac Halloula avec ses émanations fiévreuses; tout autour la solitude, la terre inculte, faute d'eau; au pied des derniers gradins, une pente rapide, puis cinq ou six mamelons arrondis qui séparent le Sahel de la grève et forment les assises naturelles du monument, faisant pour ainsi dire corps avec lui; tout cela était de nature à produire une impression de respect mêlée de crainte. On comprend que les chrétiens persécutés y aient trouvé asile, comme le prouvent les objets trouvés à l'intérieur, et que plus tard les Arabes n'aient pas osé pénétrer dans les parties souterraines que leur imagination se représentait remplies de trésors, mais hantées par des êtres mystérieux ou défendues par des bêtes malfaisantes.

Avant l'occupation française, le Sahel était plutôt un pays de pâturage que de culture. Ce n'était pas seulement les environs du Kbour-er-Roumia qui restaient à l'état sauvage. Tout près d'Alger, les pâtres parcouraient librement le plateau de Staouëli, couvert d'un excellent humus et arrosé par plusieurs sources. En 1843, les trappistes obtinrent dans cette espèce de lande une concession de 1,000 hectares. Aujourd'hui, il y a là une exploitation agricole de premier ordre : des bâtiments hauts et vastes, des vignobles, des jardins fruitiers et potagers, des champs appropriés aux récoltes les plus avantageuses ; ce qui vaut mieux encore, c'est qu'en dehors de la Trappe, la culture européenne pratiquée par des mains laïques, fixant des familles sur le sol, s'étend de plus en plus ; elle envahit peu à peu le Sahel tout entier.

Koléah, située à 35 kilomètres d'Alger, de l'autre côté du Mazafran, est devenue un centre de colonisation d'une certaine importance. C'est une jolie petite ville qui renferme 3300 habitants, très-digne par ses ressources et ses agréments de servir d'intermédiaire entre Alger et l'extrême ouest du Sahel. Les eaux y sont abondantes ; les moyens de locomotion assez commodes, les auberges très-confortables. De vieilles tours, une mosquée avec un minaret, lui donnent un cachet original. Elle est embellie par un jardin où les orangers et les citronniers s'élèvent à une hauteur que j'ai rarement observée, même dans les régions les plus favorables, en Espagne, en Sicile, en Syrie et en Égypte.

A une distance d'une dizaine de kilomètres, on rencontre les villages agricoles de Castiglione et de Tefschoun, les villages maritimes de Bou-Ismaël, de Bérard et de Tagouret, colonies fondées en 1848 et en 1851. Nous avons passé deux jours dans une ferme de Tefschoun, chez un ami (M. Paul Blanc, conseiller général). C'était à la fin de mai. On commençait la moisson. L'air était chaud, mais rafraîchi par la brise de la mer; de grands horizons s'ouvraient devant nous; près de la maison, des eucalyptus âgés de quatre ans et déjà vigoureux nous donnaient leur ombre; plus loin, nous trouvions de grands oliviers, une source habilement captée et dirigée, des ravins tout remplis d'un fouillis inextricable de végétation; nous descendions sur la plage voisine à travers des buissons de lentisques; des terres en friche, des bouquets d'arbres ou d'arbustes calcinés par le feu, des chemins à peine praticables, nous montraient ce qui manquait encore à l'œuvre colonisatrice; nous sentions vivement les lacunes, mais aussi les ressources et la grandeur de l'entreprise; les résultats acquis nous paraissaient les gages d'un avenir prospère.

IV

LA MITIDJA

Étendue de la Mitidja. — Le chemin de fer. — Les Arabes dans nos diligences et nos wagons. — Les plantations d'eucalyptus. — MM. Ramel et Cordier. — Avantages et singularités de l'eucalyptus. — Le casuarina. — Boufarik. — Marché du lundi. — Oued-el-Halleg. — Blidah. — Les gorges de la Chiffa. — La route de Laghouat. — Marengo.

La plaine de la Mitidja, célèbre par sa fertilité, contourne le Sahel à l'est et au sud. Elle est elle-même limitée à l'est par les premières pentes des montagnes de la Kabylie, au sud et à l'ouest par le massif central de l'Atlas et la chaîne qui s'en détache pour rejoindre au nord, sur le bord de la mer, le Djebel-Chenoua. Les points culminants des montagnes qui la dominent se trouvent au sud, aux environs de Blidah et de Mouzaïa : leur élévation est de 1608 et 1640 mètres. Elle a environ 100 kilomètres de long; sa largeur varie et va toujours en diminuant de l'est à l'ouest; ainsi, entre la pointe de la Kouba et l'oued Boudouaou, elle est environ de 30 à 32 kilomètres; au centre, à Boufarik, elle n'est plus que de 10 à 12; à l'autre extrémité, à Marengo, elle se réduit à 5 ou 6. Plusieurs cours d'eau la traversent : l'oued Reraïa, qui se jette dans la Méditerranée à l'est du cap Matifou, l'oued Khamis, l'oued Harrach qui ont leur embouchure dans la baie d'Alger, l'oued Chiffa et l'oued Djer qui se réunissent pour former le Mazafran et coupent le Sahel en deux à quelque distance de Koléah; enfin l'oued Nador qui, après avoir arrosé le fond de la plaine, s'ouvre un passage par une charmante vallée entre le Chenoua et la pointe occidentale du Sahel, puis va tomber à la mer près du petit port et des ruines romaines de Tipasa.

Le chemin de fer d'Alger à Oran dessert la plus grande partie de la Mitidja. Il suit la baie pendant 6 ou 7 kilomètres; entre Hussein-Dey et la Maison-Carrée il tourne au sud-ouest, passe à Boufarik, à Blidah et enfin arrive à El-Affroun, sur les bords de l'oued Djer, où il s'engage dans les montagnes qui séparent la Mitidja de la plaine du Chélif. Le parcours, à partir de la station d'Hussein-Dey, est de 62 kilomètres, qu'on franchit en deux heures et demie. La vitesse des locomotives algériennes n'est pas encore bien grande ; les stations sont fréquentes et le temps qu'on y passe très-long, parce que tous les trains sont mixtes ; il faut débarquer et embarquer partout les marchandises comme les voyageurs. Cette lenteur est du reste fort commode pour les touristes qui peuvent observer le pays à leur aise et même herboriser le long de la route. Pour les voyageurs pressés, le chemin de fer algérien laisse beaucoup à désirer ; mais il s'améliorera avec le temps, et, tel qu'il est, il rend déjà d'immenses services. Chose curieuse, il n'est pas moins apprécié par les indigènes que par les Européens.

Les Arabes et les Kabyles recherchent avec empressement nos moyens de locomotion, nos bateaux à vapeur le long des côtes, nos diligences, où je les ai vus quelquefois entrer par la fenêtre, et par-dessus tout nos chemins de fer, où ils s'entassent avec volupté. Je doute que nos paysans de Basse-Bretagne, si soigneusement tenus à l'écart du monde moderne par l'influence cléricale, aient accueilli avec autant de bonne humeur le premier train qui a glissé sur les rails de Rennes à Brest. Il y a là un point de contact entre les indigènes et nous dont il faut se réjouir. De toutes manières, rien n'est plus réjouissant, en effet, que de voir ces Arabes, qu'on se figure toujours gravement assis sur le dos des dromadaires, pendre comme des grappes au sommet des diligences, ou bien passer leurs têtes encapuchonnées par les fenêtres des wagons, causant avec animation, promenant de tous côtés leurs regards ardents, exprimant par leurs physionomies et leurs gestes, non l'embarras ni la crainte, mais la curiosité et la gaieté. Aucune race n'est plus sensible que la leur au plaisir de la vitesse.

Dans tous les pays, le chemin de fer est un moyen d'accroître la richesse et d'unifier les populations. Ici, il est encore quelque chose de plus : il est un moyen d'assainissement. Pour utiliser la petite bande de terrain qui reste libre des deux côtés de la voie, la compagnie y plante des arbres; or, les arbres n'abondent pas dans les plaines d'Afrique et il importe au point de vue de l'hygiène, comme au point de vue économique, de les multiplier. Parmi ces arbres, le plus précieux est l'eucalyptus.

Il y a une quinzaine d'années, les colons qui voulaient se procurer de l'ombrage rapidement n'avaient guère d'autre ressource que le *bel ombra*. Le bel ombra se développe vite en hauteur et en largeur; mais il est lourd et disgracieux d'aspect, son feuillage n'est ni permanent ni précoce, et son bois spongieux n'est bon à rien, pas même à brûler. Aujourd'hui, grâce au zèle de M. Ramel et de ses disciples, les colons ont à leur disposition un arbre qui croît avec une rapidité surprenante, qui est toujours vert et donne du bois dur propre à la charpente et à la menuiserie. Tels sont les avantages certains de l'*eucalyptus globulus* ou gommier bleu. Beaucoup de personnes lui attribuent en outre des vertus curatives qui ne sont pas encore parfaitement établies; tout porte à croire cependant que l'huile essentielle contenue dans le parenchyme de ses feuilles neutralise par ses émanations d'une odeur agréable et saine les miasmes paludéens. Originaire de Tasmanie, sous une latitude de 40 à 45 degrés dans l'hémisphère austral, il s'acclimate très-bien dans la région méditerranéenne et particulièrement sur les côtes d'Afrique, pourvu qu'il trouve un sol profond et pas trop sec. Bientôt il transformera tout à fait la physionomie du Tell algérien. Il y en a déjà des centaines de mille groupés en bouquets, alignés en avenues ou dispersés isolément le long des routes, autour des maisons de campagne ou des bâtiments de ferme, dans le Sahel et surtout dans la Mitidja. Ce genre de culture est devenu une véritable passion.

Au nombre des plus zélés et des plus habiles propagateurs, il faut citer le maire d'Hussein-Dey, M. Trottier, et un peu plus loin, dans la commune de la Rassauta, au delà de l'oued Harrach, M. Cordier. Ce dernier est un vieux colon, un vrai type de pionnier français, qui ne perdrait pas à être mis en parrallèle avec les plus intrépides pionniers américains. Depuis 1839, il a lutté sans défaillance contre les Arabes, contre les tracasseries administratives et contre les fièvres, pour arriver à la possession paisible et à l'exploitation complète d'un magnifique domaine de 300 hectares. Là, les *eucalyptus* forment, non plus des bosquets, mais de véritables bois. On en a réuni quarante espèces différentes, plus curieuses les unes que les autres.

La plupart de ces espèces proviennent d'Australie ; elles sont plus délicates et par conséquent plus difficiles à acclimater que l'*eucalyptus globulus*. Celui-ci, pour être plus robuste, n'en est pas moins élégant ni moins étrange. Que de particularités il offre dignes d'attirer l'attention des botanistes ! Ses premières branches se couvrent de feuilles d'un ovale presque rond, sessiles, opposées, horizontales, revêtues d'un duvet bleuâtre qui rappelle le duvet des prunes ; les branches supérieures portent, au contraire, au bout de pétioles assez longs des feuilles alternes, lancéolées, s'allongeant et se recourbant parfois en forme de serpette, glabres, d'un vert clair, affectant volontiers une direction verticale, comme les feuilles des saules pleureurs. Cette superposition de deux feuillages distincts est un phénomène rare dans le monde végétal; on n'en pourrait citer qu'un petit nombre d'exemples. Elle persiste tant qu'on ne coupe pas les branches inférieures.

La floraison est également très-singulière. Au premier abord, quand le bouton apparaît, on le prendrait pour la graine, tant il est ligneux et âpre. Il se compose d'un cône renversé, divisé par quatre arêtes saillantes et fermé par un gros couvercle muni d'une pointe au sommet; de petites rugosités saupoudrées de matière blanche hérissent la surface : on dirait un fragment de roche alpestre, couvert d'une fine couche de neige. A mesure que la fleur se développe à l'intérieur, le couvercle se soulève; il laisse percer au dehors de longues étamines; puis il se dresse tout à fait, et enfin il tombe ; le cône se couronne alors d'une véritable chevelure d'un jaune pâle, qui ne tarde pas à tomber à son tour dès que l'œuvre de la fécondation est accomplie.

Quand le fruit est mûr, le cône renferme, dans quatre logettes, de petites graines ; à l'extérieur, il a conservé la même forme qu'au moment de la floraison : seulement il a acquis des proportions plus grandes et perdu cette espèce de fleur de farine qui le couvrait ; il est devenu couleur marron ; un nouveau couvercle remplace le couvercle tombé ; l'ancien était bombé et pointu ; le nouveau est plat, fendu au milieu par une ouverture en forme de trèfle, absolument semblable à celle d'un grelot.

L'*eucalyptus* appartient à la famille des myrtacées. On peut dire qu'il est le géant de cette famille, qui comprend, entre autres espèces, outre les myrtes, les goyaviers, les girofliers, les mélaleucas, les métrosidéros. On ne peut savoir encore s'il atteindra en vieillissant, dans notre colonie africaine, la même hauteur qu'en Australie et en Tasmanie, où il dépasse quelquefois 100 mètres. Ce qu'on a constaté chez nous, c'est qu'il grandit généralement de 5 à 6 mètres dans la première année. Les années suivantes, il se ralentit, mais il ne lui faut pas plus de quatre ans pour atteindre 12 à 15 mètres, ni plus de huit ou dix pour s'élever à 20 ou 25. Sa grosseur n'est pas moins précoce. J'en ai mesuré un de huit ans que j'étais loin de pouvoir embrasser avec les deux bras ; il avait plus de 2 mètres de circonférence. Le tronc est droit et lisse. L'écorce se détache, à certaines époques, en se roulant sur elle-même.

Dans les terrains sablonneux, où l'*eucalyptus* ne conviendrait pas, on commence à planter un arbre d'un tout autre aspect, emprunté aussi à la flore australienne : c'est le *casuarina*, conifère dont la croissance est rapide et le bois dur ; ses rameaux grêles, effilés, abondants, tendres et verts, lui tiennent lieu de feuilles.

La première station importante du chemin de fer d'Alger à Oran est Boufarik. Ce nom éveille des réminiscences douloureuses. Dès qu'on le prononce, l'idée de marais pestilentiels et de braves colons morts au milieu de ces marais se présente à l'esprit. L'obsession de ces souvenirs est si intense que la réalité actuelle semble un rêve. On a peine à se figurer que le présent démente d'une manière si heureuse le passé. Le fait est que la tenacité coloniale, trop méconnue en France, a remporté à Boufarik un triomphe complet. Après vingt années d'efforts persévérants, on a enfin réussi à dessécher les marais et à rectifier le régime des eaux ; les fièvres ont disparu ; au milieu de terres d'une fécondité merveilleuse, un grand village, peuplé de 2600 habitants, sert de centre à de nombreuses et productives exploitations agricoles. Les rues du village, droites et larges, sont bordées de maisons simples, propres, commodes, d'un aspect des plus agréables ; les orangers et les citronniers se montrent dans tous les jardins et poussent jusque dans les rues ; ils forment avec quelques palmiers un charmant bosquet autour de l'église, les fontaines ne manquent pas ; une vaste esplanade ombragée par de beaux platanes, terminée sur un des côtés par les bâtiments convenables, indique la place du marché.

Le lundi, une animation extraordinaire règne dans les rues, dans les auberges, autour des fontaines, sur les places publiques, sur l'esplanade et sur toutes les routes des alentours. C'est le jour consacré à la vente des bestiaux. Les indigènes et les colons arrivent de toutes parts, quelques-uns à cheval, la plupart à âne, à mulet ou à pied, plusieurs en chars-à-bancs, en tilburys et autres véhicules du même genre, beaucoup en omnibus et en chemin de fer. D'immenses troupeaux de bœufs et de moutons sont amenés et soulèvent des tourbillons de poussière ; quelques bêtes sont immédiatement abattues et dépouillées. Ici, comme dans toute l'Algérie, on remarque la petitesse des bœufs et la grosseur des moutons.

Nos colons font bonne figure au milieu de cette foule. Leurs blouses bleues et leurs paletots de velours de coton rayé tranchent crûment sur le fond blanchâtre des vêtements arabes. On sent à leurs allures que ce ne sont pas des colons de fantaisie, mais des travailleurs sérieux, de vrais ruraux, ruraux républicains, bien entendu, car les ruraux de l'espèce monarchique sont à peu près inconnus en dehors de la métropole. Ils n'ont nullement l'air d'être affaiblis par le climat; solidement bâtis, le teint coloré, la poitrine large, les épaules fortes, ils rappellent plutôt le type du Nord que le type du Midi.

A peu de distance de Boufarik, dans un endroit qu'on appelle Oued-el-Halleg, tout près des bois de frênes du Mazafran, l'hospitalité gracieuse de M. Armand Arlès-Dufour m'a permis de visiter une exploitation agricole de 600 hectares, dont 30 ou 40 cultivés en vignes, le reste en prairies et en céréales. Ni l'habileté de la direction, ni le capital, ne font défaut sur le domaine des *Sources*. Les écuries et les étables, admirablement aérées, abritent à l'aise de nombreux bestiaux. Les machines suppléent à la main-d'œuvre partout où elles peuvent être employées. Nous avons vu, le 20 mai, les faucheuses abattre l'herbe drue et haute avec une rapidité prodigieuse. Par les procédés ordinaires, un hectare fauché coûterait de 15 à 18 francs ; avec la machine, il n'en coûte pas plus de 4 à 5.

Reprenant, après ce détour, notre excursion sur la route d'Alger à Oran, nous rencontrons à une demi-heure de Boufarik la séduisante ville de Blidah. Le parfum des orangers l'annonce longtemps à l'avance. La nuit surtout, ce parfum est si pénétrant qu'il domine même l'âcre odeur des bouffées de la locomotive. Stimulée par le perfectionnement des moyens de transport, la culture des orangers et des citronniers prend tous les jours une extension plus grande. On peut lui appliquer à la lettre le vers d'Horace :

> Omne tulit punctum, qui miscuit utile dulci.

Elle a pour elle l'agrément et le profit. Ce qui ajoute ici au charme de cette culture, c'est que les jardins ne sont pas séparés par de hauts murs, comme à Sorrente, mais par des haies basses et verdoyantes, composées elles-mêmes d'orangers et de citronniers. Au mois d'avril, quand les fleurs et les fruits s'entremêlent sur les mêmes arbres, on ne saurait rien imaginer de plus délicieux à voir. Que de nuances heureusement associées, depuis le vert tour à tour sombre et lumineux du feuillage jusqu'au blanc violacé des fleurs, depuis le rouge ardent ou le jaune intense des oranges jusqu'au jaune pâle des citrons !

Blidah n'est pas comme Boufarik une colonie française. C'est une ancienne ville arabe, prospère au temps des Turcs, à demi ruinée par la guerre, réparée et transformée depuis la paix. Elle a aujourd'hui 10, 000 habitants. Située au pied de l'Atlas, à 185 mètres au-dessus du niveau de la mer, elle est très-recherchée, pendant la saison chaude, pour la fraîcheur de son air, de ses eaux et de sa végétation. Elle est arrosée au printemps par des pluies fréquentes. La montagne dont elle occcupe les premières pentes n'a rien de sauvage en cet endroit. Ses flancs ne sont ni abruptes, ni dénudés ; ils présentent des mamelons arrondis où l'herbe, les arbustes et les grands arbres croissent abondamment. Des hauteurs voisines on aperçoit, au delà de la plaine, le Sahel et, au sommet du Sahel, le *Kbour-er-Roumia*. Les promenades dans la ville et hors la ville sont nombreuses, ou plutôt tout est promenade autour de la ville. On peut aller presque au hasard, sûr d'être récompensé de sa peine, de quelque côté qu'on se dirige ; mais il faut avoir soin de ne pas omettre le « Bois sacré ». Il y a là un groupe superbe d'oliviers séculaires, dont le tronc semble avoir été troué à coups de canon ; ces oliviers m'ont paru aussi vénérables par leur âge et infiniment plus beaux que ceux du jardin de Gethsémané, à Jérusalem. Deux choses seulement gâtent Blidah à mon avis : l'une choque les yeux, l'autre, bien plus fâcheuse parce qu'elle vous accompagne au loin, froisse l'ouïe. La première, c'est la lourde église bâtie près de la grande place : elle semble faite tout exprès pour dégoûter les musulmans du culte catholique. La seconde, c'est le bruit incessant des tambours et des trompettes. A quoi bon tout ce tapage militaire ? Involontairement je songeais, en l'entendant, aux Prussiens silencieux, et je sentais avec amertune le ridicule des démonstrations bruyantes.

A l'ouest de Blidah, la Chiffa coule en droite ligne du sud au nord, au milieu des lauriers roses. On y va en un quart d'heure par le chemin de fer et en une demi-heure par la route de terre ; la dernière partie de la route est bordée de grands aloès qui rompent par le puissant relief de leurs formes la monotonie des champs de céréales. On passe la rivière sur un pont, on en remonte le cours sur la rive gauche, et l'on se trouve au bout de quelques minutes dans l'étroite gorge d'où elle sort. Malgré ses hautes parois, ses cascades et ses cascatelles, ses rocs qui surplombent, son torrent qui gronde et mugit, la gorge de la Chiffa causera peut-être un petit moment de déception au voyageur qui a parcouru les Alpes. L'infernal, le grandiose, le sublime ne vous saisissent pas ici comme à certains passages de la *via Mala* ou du Simplon. Il ne faut pas s'attendre à l'impression que donne une symphonie de Beethoven, mais plutôt à celle d'une sonate de Mozart. La nature se montre par ses côtés sombres, abruptes, terribles, juste assez pour vous faire jouir plus pleinement des beautés riantes et aimables qu'elle déploie autour de vous. Le comique même a sa place dans la gorge de la Chiffa, car les singes s'y plaisent et quelquefois s'y laissent entrevoir. On les cherche souvent en vain, mais on ne regrette pas de les avoir cherchés de l'œil, au travers de cette verdure si riche et si variée, parmi ces groupes de thuyas, d'oliviers, de micocouliers, de lauriers de toute espèce, étagés les uns au-dessus des autres, enguirlandés et couronnés par d'immenses vignes sauvages, éclairés par les rayons directs ou les reflets d'une lumière auprès de laquelle pâlirait le soleil des Alpes.

Au sortir des gorges de la Chiffa, du côté du sud, un chemin sur la droite conduit aux fameuses mines de cuivre de Mouzaïa. La route principale quitte peu à peu le fond des vallées et monte jusqu'à Médeah, qui se vante de posséder une végétation tout européenne, grâce à son altitude (940 mètres). Elle traverse de part en part le massif central de l'Atlas, redescend le long du versant saharien et aboutit à l'entrée du grand désert à Laghouat. On peut juger de l'importance de cette route par ce fait que Laghouat est située presque sous le même méridien que Médeah, mais à plus de deux degrés au sud (33° 95 au lieu de 36°, 20). La distance entre les deux villes est de 366 kilomètres ; entre Alger et Laghouat, elle est de 456.

Pour achever le tour de la Mitidja il faut revenir sur ses pas et reprendre pendant une demi-heure la ligne du chemin de fer; on la quitte à la station d'El Affroun, on traverse l'oued Djer que les chaleurs de l'été réduisent à un maigre filet d'eau, et l'on suit une route fort agréable qui longe à gauche la montagne et laisse voir sur la droite au-delà de la plaine la silhouette imposante du Tombeau de la Chrétienne. On rencontre quelques hameaux français portant des noms arabes (Ameur-el-Aïn, Bourkika) et, après avoir parcouru une vingtaine de kilomètres, on touche au village de Marengo. Marengo est une colonie de 1848 qui a prospéré. Sa population n'est encore que de 700 habitants. L'aspect des maisons, des places, des avenues, des édifices communaux, ferait croire à un chiffre plus élevé : il indique tout au moins une grande aisance. Aux environs, sur le chemin de Tipasa, se trouve une magnifique forêt de chênes. La plaine finit à peu de distance de Marengo. Pour gagner Cherchell, l'Iol des Phéniciens, la *Julia cæsarea* des Romains, il faut franchir une petite chaîne montagneuse, tourner le Chenoua et entrer dans une région nouvelle.

V

LA PLAINE DU CHÉLIF

Le chemin de fer d'El Affroun à Affreville. — La plaine et le cours du Chélif. — La montée d'Affreville à Milianah. — Milianah et ses minoteries. — Les sauterelles. — Dévastations qu'elles causent. — Moyens de les combattre. — Aspect de la plaine entre Affreville et Relizane. — Splendeur de la flore au printemps. — Pauvreté des cultures. — Orléansville. — Le soldat-laboureur. — La mosaïque de saint Reparatus. — Les adieux d'un chef arabe. — Relizane. — Le barrage de la Mina. — Excursion au pied de l'Atlas.

La partie la plus pittoresque du chemin de fer d'Alger à Oran est certainement celle qui est comprise entre El Affroun et Affreville. C'est aussi celle qui a été la plus difficile à construire. On remonte d'abord l'oued Djer, qui devient de plus en plus torrentueux; puis on perce la montagne pour aller tomber de l'autre côté dans la plaine du Chélif. Les courbes à court rayon, les fortes pentes, les tunnels, se multiplient à mesure qu'on avance et retardent la marche des trains. On met deux heures un quart à franchir 51 kilomètres. L'aspect du pays change complétement. Les cultures et les beaux vergers disparaissent; des oliviers sauvages, des buissons de palmiers nains et de genêts épineux, des arbustes déchirés par la dent des chèvres ou des moutons, des bois portant, hélas! bien des traces d'incendie, leur succèdent. On aperçoit peu de maisons européennes et en revanche pas mal de gourbis arabes, s'élevant à peine au-dessus du sol, se confondant avec lui par leur couleur, ressemblant de loin à des tertres plus qu'à des habitations humaines. Les petites stations de l'oued Djer, de Bou Medfa, Vesoul-Benian, Adélia, ne sont pas désertes; les indigènes les fréquentent. Quel que soit le caractère des régions qu'il traverse, notre chemin de fer leur plaît.

La plaine du Chélif, que le chemin de fer suit, sur un parcours de 176 kilomètres entre Affreville et Relizane, est beaucoup plus longue, un peu plus étroite et plus chaude que la Mitidja. Bien cultivée, elle ne serait guère moins fertile. La différence de température est très-sensible; tous les voyageurs en sont frappés. Elle ne s'explique pas suffisamment par la différence de latitude, qui est minime (20 minutes en moyenne); elle provient sans doute des montagnes qui séparent les deux plaines des bords de la mer. Le Sahel de la Mitidja est peu élevé; il ne dépasse pas 400 mètres. La plaine du Chélif a au contraire pour limite au nord une chaîne qui commence à l'embouchure du fleuve par les âpres montagnes du Dahra et se continue sans interruption jusqu'aux montagnes des Beni-Menacer, derrière Cherchell; les points culminants de cette chaîne se trouvent à 1120 mètres, comme le Dukali, et même à 1630 comme le Zaccar. Au sud, les sommets les plus hauts ne dépassent pas de beaucoup ceux qui dominent la Mitidja. Le djebel Ouaransenis, près d'Orléansville, a 1991 mètres : le djebel Talazit, près de Blidah, en a 1640. Par contre, la Mitidja ne possède pas un cours d'eau comparable au Chélif.

Le Chélif est le plus important des cours d'eau de l'Algérie. Il répond presque à l'idée que nous nous faisons d'un fleuve. Il n'est pas trop torrentueux en hiver, ni trop à sec en été; il s'enfonce profondément dans le sol sans s'y perdre; il se laisse voir à une certaine distance, un peu plus il serait navigable. Il prend sa source aux environs d'El Beïda, dans les flancs du Djebel-Amour, sur les confins du Sahara; il se dirige d'abord au nord nord-est, à travers les hauts plateaux, franchissant dans cette direction près de deux degrés; il reçoit sur la rive gauche le Nahr Ouassel, puis il quitte les hauts plateaux, incline au nord-ouest et enfin, faisant un coude assez brusque, descend à la mer en suivant le sens du sud-ouest. Son embouchure se trouve à 15 kilomètres de Mostaganem. Son affluent principal, la Mina, vient aussi des hauts plateaux. La Mina marque à l'ouest la limite de la plaine qui porte le nom de Chélif.

La première station du chemin de fer à l'entrée de la plaine est Affreville, petit village créé en 1848, qui tend à devenir un centre commercial d'une grande importance depuis que la voie ferrée le traverse. Une route d'une soixantaine de kilomètres le met en communication avec les précieuses forêts de cèdres de Teniet el Haad. Une autre route beaucoup plus courte lui apporte les farines de Milianah. Milianah souffre un peu de ce voisinage. Son industrie lui reste; mais le commerce des céréales dont elle était le foyer l'abandonne. Dès que la sécurité existe dans un pays, la facilité plus ou moins grande des transports exerce une influence décisive sur le mouvement des affaires, elle le détourne de certains points et le fixe sur d'autres. Ces déplacements se font presque toujours au préjudice des pays de montagnes et au profit des pays plats.

Milianah est située à une hauteur de 900 mètres sur le versant méridional du Zaccar. Une montée longue de 9 kilomètres y conduit. Il faut en voiture une heure et demie pour gravir cette pente. Mais ce qui retient en bas le commerce est précisément ce qui favorise la production. Les eaux vives abondent dans la montagne; après avoir abreuvé les habitants et les bestiaux, fertilisé la terre, elles servent encore de forces motrices. Jusqu'ici les meuniers seuls profitent de ces forces; mais ils en profitent sans les absorber, et il est probable qu'un jour ou l'autre, des usines diverses viendront s'établir à côté des minoteries. Quant aux touristes, ils ne s'impatientent guère des lenteurs de la montée. Ils ont sous les yeux un verger perpétuel et un verger où la main de l'homme se fait peu sentir, qui semble croître tout naturellement sur un terrain accidenté. Chaque détour de la route arrache un cri d'admiration. Les arbres fruitiers de trois régions se mêlent ici d'une manière charmante. D'énormes poiriers, tels qu'on en voit à peine en Normandie, se montrent, dès la fin de mars, couverts d'innombrables fleurs blanches, à côté de cactus arborescents; le rose tendre des pêchers se détache sur le bleu du ciel, et les feuilles naissantes des grenadiers font briller de toutes parts leur fine pointe couleur de feu.

La ville possède une population de 3000 habitants, où les indigènes dominent par le nombre, les Français par leur activité et leurs capitaux. Elle est bien tenue, bien arrosée et bien ombragée. On y respire un air exquis. Elle est dominée au nord par les crêtes rocheuses et droites du Zaccar, au pied desquelles jaillissent des sources qui se réunissent en plusieurs bassins entourés d'arbres et d'arbustes, d'où elles s'écoulent de nouveau et vont subvenir aux besoins des habitants. A l'ouest s'étendent des plateaux riches en céréales. Les moulins sont dans le ravin qui longe la route d'Affreville. D'après les détails qui m'ont été fournis sur les lieux mêmes par un meunier intelligent, l'exportation des farines, soit en nature, soit sous forme de semoules, est considérable. La main-d'œuvre européenne est recherchée. Un garçon meunier gagne de 100 à 120 francs par mois; un maçon médiocre 5 francs par jour. De pareils salaires permettent de larges épargnes parce que la plupart des choses nécessaires à la vie sont à bon marché.

Il y a encore dans la campagne des animaux

dangereux, des panthères, des scorpions, des serpents ; ils diminuent à mesure que la colonisation se propage, et il n'est pas difficile de s'en préserver. Le véritable fléau du pays, ce sont les sauterelles. Ce fléau, du reste, sévit dans toute l'Algérie, mais plus particulièrement autour de Milianah, de Médeah et de Blidah. Les colons qui ont assisté à une invasion de sauterelles en parlent avec horreur. On est ému soi-même quand on les entend décrire les ravages dont ils ont été témoins. L'invasion se produit sous deux formes différentes : tantôt ce sont des nuées épaisses qui obscurcissent le ciel avant de s'abattre sur les champs, nuées vivantes composées de myriades d'insectes ailés ; tantôt ce sont des armées de larves sans ailes qui s'avancent par masses profondes à ras de terre, avec une vitesse toujours croissante ; qu'il s'agisse d'insectes adultes ou de larves, de sauterelles proprement dites ou de criquets, que l'ennemi vole ou marche, la région qu'il occupe est promptement dévastée ; à part quelques rares exceptions telles que les lauriers roses et les eucalyptus, tout ce qui verdit est dévoré ; les arbustes et les arbres sont atteints comme les plantes herbacées ; les plus belles récoltes disparaissent en un clin d'œil. Heureusement il existe des moyens préventifs et répressifs qui permettent, non de supprimer le mal, mais de l'atténuer.

Les sauterelles les plus vivaces, et par suite les plus dangereuses, viennent du Sahara et se posent après un vol plus ou moins prolongé sur les hauts plateaux; là, les femelles enfouissent leurs œufs à quelques centimètres de profondeur; les capsules qui renferment les œufs, quoique petites, sont reconnaissables, et on sait à l'avance à peu près où elles doivent se rencontrer; on convoque en temps opportun des bandes de travailleurs, on fouille la terre avec des couteaux, on extrait les œufs, on les entasse et on les brûle. Les indigènes, avertis par la terrible expérience de 1866, se prêtent volontiers à ces corvées pénibles, mais amplement rémunératrices. Les œufs qui n'ont pas été détruits donnent naissance à des larves qui se portent sur le versant septentrional de l'Atlas, sur les plaines et les montagnes du Tell. Ces larves ou criquets (en arabe *merad*) deviennent à leur tour sauterelles et se reproduisent; mais à chaque génération la puissance de reproduction et la vitalité diminuent. On arrête les criquets en creusant sur leur passage des fossés où ils s'accumulent; pour empêcher qu'ils ne dévient, on a imaginé de les diriger sur ces fossés au moyen de toiles cirées tendues sur les flancs de la colonne ; ce procédé perfectionné, emprunté aux pratiques de l'île de Chypre, ne réussit que dans un pays plat et avec le concours de travailleurs intelligents. Quand on ne peut arrêter l'armée envahissante, on la coupe, on cerne certains groupes, on les renverse avec des balais et on les écrase sous les pieds. Parfois on a recours à l'incendie, remède extrême qui ne convient guère qu'aux Arabes. Contre les sauterelles ailées, la défense est plus difficile encore. Il faut les surprendre le matin quand elles sont encore engourdies par la fraîcheur nocturne, les attaquer vivement et les mettre en sac. La recherche des œufs est par excellence la mesure préservatrice. Si on la néglige, les récoltes seront, quoi qu'on fasse, bien compromises.

La plaine du Chélif, parcourue en chemin de fer, forme un parfait contraste avec la montée de Milianah. L'aspect de cette plaine varie bien peu. Pendant six heures de suite pour ceux qui la traversent d'un seul trait, c'est toujours le même spectacle : dans le lointain, sur la gauche, les belles lignes de l'Atlas; sur la droite, une autre chaîne moins haute et moins imposante; entre les deux, la rivière qui tour à tour paraît et disparaît; de petits affluents qu'on traverse;

des cultures maigres et rares; de temps en temps, quelques oliviers ou caroubiers; des monticules couronnés de blanches *koubas* qui abritent sous leur dôme des tombes de marabouts; de vastes espaces envahis par les grêles jujubiers, aux branches grisâtres, lents à verdir, par les lentisques frais et gracieux en toute saison, par les lourdes scylles maritimes et surtout par les palmiers nains, qui dressent à quelques pieds du sol leurs rudes éventails; des troupeaux de moutons presque immobiles, ressemblant à des amas de pierres; des bœufs petits, de couleur sombre; des pâtres arabes regardant passer le train; des gourbis, des tentes qui semblent se dissimuler; de loin en loin des fermes françaises perdues au milieu des solitudes.

Pendant la saison chaude, le voyageur doit être péniblement impressionné par l'aridité apparente de cette contrée. Les voitures du chemin de fer, venues de France, ne sont pas encore adaptées aux exigences d'un climat brûlant; le soleil d'Afrique en fait de véritables étuves, et la souffrance qui en résulte contribue à rendre le pays maussade. Au mois de mars et d'avril, la chaleur n'est pas excessive et les splendeurs de la flore printanière compensent bien des choses. Des soucis, répandus avec une profusion inimaginable, colorent d'une teinte doucement orangée de larges bandes de terre; les belles de jour à la corolle bleue, les pavots pourpres et violets, les adonis d'un rouge vermillon, les arums, les orchis, et bien d'autres fleurs dont les noms m'échappent, jettent sur ce fond leurs nuances vives ou tendres. A certains endroits près du Chélif ou sur le bord de cours d'eau plus petits, il y a comme une éruption de sève, une explosion de pétales ardemment colorés.

Malgré le charme de cette flore, charme fugitif plus ici que partout ailleurs, l'impression qui reste de la plaine du Chélif, même au printemps, est une impression austère, je ne vais pas jusqu'à dire triste. On sent que quelque chose d'essentiel manque à cette région. Ce quelque chose, c'est la main et l'esprit de l'homme civilisé, le travail opiniâtre et intelligent. La terre est excellente, l'eau et le soleil la fertilisent. Qu'est-ce donc qui arrête la colonisation? Pourquoi tant d'espaces non défrichés, tant d'autres si peu et si mal cultivés, tant de forces productrices qui dorment inertes, attendant les bras qui sauront les exploiter? Où est l'obstacle? S'il n'est pas dans la nature, il faut bien qu'il soit dans l'état social, dans le régime politique administratif et économique. Nous verrons en effet, que là gît le mal et à côté du mal le remède (1).

Au milieu de la plaine, à peu près à moitié chemin entre Affreville et Relizane, se trouve Orléansville, centre militaire qui se tranformera sans doute un jour en un centre civil et qui, dès à présent, mérite l'attention. Sa population est de 1700 habitants. Dans la ville et autour de la ville, plantations, constructions, cultures, canaux et barrages, tout ou presque tout est l'œuvre de l'armée. On lui doit notamment un bois de pins assez étendu et disposé d'une manière charmante pour la promenade; les allées sont bordées de cactus et d'aloès vigoureux, une herbe fine et drue pousse au pied des arbres qui, par leurs troncs rapprochés et l'abondance de leurs aiguilles d'un vert bleuâtre, projettent une ombre délicieuse. Un pénitencier arabe est établi à quelques kilomètres de la ville. De vastes terrains en dépendent. Ils sont cultivés par les condamnés indigènes sous la direction d'officiers et sous-officiers français. Les résultats obtenus font le plus grand honneur à ceux qui sont chargés de ces travaux et qui suppléent par leur zèle à leur incompétence; mais il est certain

(1) Voir à la fin du volume les chap. XXII et XXV sur l'impôt arabe et le régime des terres.

qu'entre les mains de véritables agriculteurs, propriétaires en vertu d'un titre définitif et personnel, les choses changeraient de face, l'exploitation deviendrait bien autrement sérieuse, énergique et productive. Le soldat-laboureur serait un type admirable s'il cultivait son champ, non le champ d'une communauté; et comme la propriété individuelle est inconciliable avec un service militaire permanent, il faut créer le colon-milicien; les milices nationales de la Suisse, des États-Unis et du Canada nous serviraient, au besoin, de modèles le jour où, moins attachés aux vieilles routines, débarrassés de craintes puériles, il nous plairait d'entrer dans cette voie.

Avant de quitter Orléansville, je dois mentionner un fait qui s'est renouvelé malheureusement plus d'une fois en Algérie. En 1843, on a découvert les ruines de la basilique de Saint-Reparatus, enfouies sous le sol de la ville, et parmi ces ruines une mosaïque qu'on dit très-grande et très-belle. La mosaïque, exposée au jour, s'abîmait. Pour la protéger par un abri, ou la recueillir dans un musée, il aurait fallu faire quelque dépense. Notre pauvre budget, qui s'acheminait alors vers le second milliard et qui aujourd'hui approche du troisième, n'avait point de fonds pour ce mince objet. Aucun évêque sans doute ne s'intéressa à la mémoire de saint Reparatus. Les archéologues se turent ou ne furent point écoutés. Bref, l'administration locale jugea qu'il ne restait qu'un moyen pour sauver la précieuse mosaïque, c'était de l'enfouir de nouveau ; et en effet l'enfouissement a eu lieu. Voilà, il me semble, ce qu'on peut appeler une mesure « résolûment conservatrice ». Qui sait si ce n'est pas ainsi que les habiles de notre époque veulent conserver les grands principes de la société moderne ?

Au moment de prendre le train pour Relizane, nous fûmes témoins à la gare, dans la salle d'attente, d'une scène pathétique. Un chef arabe allait partir avec nous par le chemin de fer. C'était un beau vieillard à barbe blanche, aux yeux vifs, drapé dans son burnous comme un consul romain dans sa toge. Les jeunes gens de son douar vinrent lui dire adieu. Se baissant l'un après l'autre, ils pressaient ses tempes de leurs mains, inclinaient doucement sa tête et la baisaient. Lui recevait assis leurs hommages avec une indicible expression de tendresse et de dignité. Son attitude, ses gestes, sa physionomie, révélaient l'homme qui sait à la fois aimer et commander. Son émotion paraissait vive et sincère, mais ne troublait point sa sérénité.

Est-il vrai que ces manières si nobles, si éloquentes dans leur simplicité, ne soient que les dehors trompeurs d'âmes avilies, une enveloppe aimable transmise héréditairement, maintenue par l'habitude et ne recouvrant rien de sérieux ? J'ai peine à le croire. Nous aussi nous avons dans notre société européenne des poëtes, des orateurs, des artistes, qui souvent nous choquent par le contraste de leur vie avec leurs œuvres. Nous leur pardonnons beaucoup, trop quelquefois, parce qu'à travers leurs défaillances nous sentons l'étincelle sacrée qui les anime. Soyons de même indulgents, pour ces hommes des races antiques qui ont encore tant à nous apprendre. Il ne s'agit pas, comme on l'a fait trop souvent, de flatter leurs vices; il s'agit de reconnaître leurs qualités. Peut-être notre influence sur eux serait-elle plus efficace si nous savions mieux apprécier ce qu'ils ont de bon ; ils rougiraient sans doute de leur oisiveté, de leurs pillages, de leurs fraudes, du joug qu'ils font peser sur leurs femmes et leurs serviteurs, s'ils nous voyaient nous-mêmes moins vulgaires et moins grossiers.

Une heure après le départ du train, on rencontre la frontière de la province d'Alger, on entre dans la province d'Oran et, presque aussitôt, on franchit le 36ᵉ degré de latitude. A partir de ce point, il n'y a plus qu'une cinquantaine de kilomètres jusqu'à Relizane. Les voyageurs qui ne veulent pas arriver de nuit à Oran s'arrêtent volontiers dans cette petite ville, où l'on trouve bon souper et bon gîte. La commune de Relizane date de 1857. En 1861, elle n'avait guère plus de 400 habitants européens; aujourd'hui, elle en a près de 2000. La culture du coton l'a enrichie pendant la guerre de la sécession. Cette culture, abandonnée depuis le rétablissement de l'Union américaine, a été remplacée sans trop de perte par les céréales et l'élevage des porcs. La ville n'a pas d'enceinte fortifiée, ce qui est rare en Afrique. Néanmoins elle n'a pas été attaquée en 1871 par les nombreuses tribus arabes qui l'entourent. Liés par des intérêts communs, colons et indigènes vivent ici en bons termes; ces derniers, d'après ce qui m'a été rapporté par un homme du pays très-capable d'en juger, ont un grand respect pour nos magistrats civils; nos enquêtes judiciaires se font, même au loin, avec une grande facilité et nos jugements s'exécutent régulièrement.

Le barrage de la Mina contribue beaucoup à la prospérité et par suite au calme dont jouit cette région. Des piliers robustes et de gros murs retiennent une nappe d'eau considérable qui s'écoule, dès qu'elle a atteint un certain niveau, par une ouverture centrale et tombe en cascade au milieu de roches bizarres, énormes, formées de cailloux agglomérés. On peut ainsi régler le cours de la rivière et pratiquer les irrigations au moment où elles sont le plus désirables.

A la même distance que le barrage, c'est-à-dire à deux ou trois kilomètres de la ville, mais dans une autre direction, des vestiges d'une cité romaine, peu étudiés encore, sont épars autour d'un monticule. Ces vestiges ne renferment sans doute rien de bien extraordinaire. Ce qu'on admire sans réserve, c'est le site. Nous y allâmes par une belle matinée d'avril, accompagnés de cinq ou six petits Arabes qui couraient et bondissaient près de nous comme de jeunes chevreaux. L'un d'eux, un peu plus âgé que les autres, un adolescent de quinze à seize ans, attirait notre attention par la pureté de ses traits, la fierté de sa physionomie, l'impétuosité et la souplesse de ses allures. Il tenait à la main le bâton recourbé des pâtres, ses bras nus et déjà nerveux rejetaient en arrière son burnous : nous songions en le voyant au David de la Bible. De vastes champs sans arbres, couverts çà et là de céréales, s'étendaient devant nous jusqu'au pied de l'Atlas; les montagnes, inondées de lumière, semblaient transparentes; le ciel était d'un bleu parfait, l'air doux et vivifiant; les fleurs se hâtaient de s'épanouir, et les gazelles, surprises derrière les buissons, fuyaient avec cette grâce exquise qui ne les abandonne jamais, soit qu'elles courent, soit qu'elles bondissent, soit qu'elles restent au repos.

VI

ORAN

Saint-Denis-du-Sig. — Aspect d'Oran. — Développement de la population et du commerce. — Mers-el-Kebir. — Santa Cruz. — Une exploitation rurale aux environs d'Oran. — Misserghin. — L'orphelinat. — L'asile. — Le ravin. — La flore oranaise. — La plaine des Andalouses. — Un domaine de 3000 hectares.

Sur la rive gauche de la Mina, le terrain se relève par quelques ondulations, puis il s'abaisse de nouveau et la plaine recommence en s'élargissant : elle n'est plus limitée, au nord, par de hautes montagnes ; elle s'étend jusqu'à la mer sans interruption notable. Le chemin de fer continue à longer les pentes septentrionales de l'Atlas. Il traverse successivement l'Habra et le Sig, qui se réunissent un peu plus loin dans un marais, et se jettent à la mer sous le nom de la Macta, au fond d'un petit golfe, entre Mostaganem et Arzew. Il laisse de côté, sur la gauche, à une distance de 26 kilomètres, l'importante ville de Mascara, d'où l'émir Abd-el-Kader, né aux environs, brava longtemps nos armées.

Il passe à Saint-Denis-du-Sig, célèbre par son barrage et plus encore par l'Union agricole qui s'y forma en 1846, tenta vainement de résoudre le problème de l'association du travail avec le capital, et, après avoir échoué dans cette tentative généreuse, mais prématurée, réussit du moins à mettre en plein rapport 2,000 hectares de terre. Peu de temps après, il quitte la montagne, qu'on ne tarde pas à perdre de vue, atteint la pointe orientale d'un grand lac salé, et enfin arrive au faubourg de Karguentah qui est à l'entrée d'Oran, du côté de l'est. A mesure qu'on approche d'Oran, les jujubiers sauvages et les palmiers nains deviennent plus rares; les cultures en céréales d'abord, puis les cultures maraîchères prennent leur place.

La distance entre Alger et Oran, par le chemin de fer, est de 420 kilomètres qu'on parcourt en dix-sept heures. La différence de latitude est assez considérable : 36° 47′ pour Alger et 35° 44′ pour Oran. Les énormes cactus qui hérissent les abords du Château-Neuf, et le beau palmier du jardin de la préfecture, dont on aperçoit la cime au sortir de la gare, donnent en effet, à Oran, un caractère plus africain. Située au fond d'une baie, la ville s'élève sur les deux côtés d'un ravin qui en forme le centre. Des hauteurs fortifiées la dominent. Ses édifices sont pour la plupart médiocres. Il faut cependant faire exception en faveur de deux mosquées, celle du Pacha et celle de Sidi-el-Haouri ; les minarets de ces mosquées rappellent, par leur style, la Giralda de Séville ; ils portent sur le plein de leurs faces des dessins profondément creusés, alternant avec des arcades et des colonnettes à peine saillantes : l'œil se repose avec délice sur ces formes légères, élégantes et délicates.

Une jolie promenade disposée avec hardiesse, et presque à pic, sur le bord de la mer, à deux pas du théâtre, offre une grande ressource à la société oranaise. Le goût des choses intellectuelles n'est peut-être pas très-prononcé dans cette société, fort aimable d'ailleurs, mais un peu dévote et très positive. Ce qui domine dans la ville, ce qui saisit dès qu'on y entre, ce qui reste dans la mémoire comme trait essentiel de sa physionomie après un certain séjour, c'est le mouvement commercial, le déploiement de l'activité pratique dans tous les sens, la fièvre des affaires. Au point de vue de l'économiste, Oran rivalise avec Alger et tend à le dépasser. Le nombre des navires qui chargent et qui déchargent dans le port augmente de jour en jour, les maisons de commerce se multiplient et s'agrandissent, les constructions s'étendent, les faubourgs deviennent partie intégrante de la cité. La population, en 1860, était de 26 910 habitants ; en 1872, elle s'est élevée au chiffre de 40 015 : c'est un accroissement de 48 pour 100. Elle doublera en vingt-cinq ans si la même proportion se maintient. Ce résultat est dû en grande partie au voisinage de l'Espagne, si cruellement déchirée par la guerre civile. L'élément français ne représente qu'un dixième de la population totale (10 043 habitants) ; l'importance de l'élément espagnol est bien supérieure (16 064 habitants). Après les Espagnols et les Français, viennent les israélites naturalisés par le décret du 24 octobre 1870 (6 622), puis les musulmans (4 181), les Italiens (989), et enfin les étrangers appartenant à diverses nationalités (1 116). On peut regretter que les Français, moins habitués aux climats chauds, plus casaniers et moins mécontents de leur sort, se laissent devancer par les Espagnols ; mais l'accroissement rapide de la population, quelle que soit l'origine des immigrants, n'en est pas moins un symptôme de prospérité : elle met en évidence les ressources de notre colonie, car ce sont ces ressources qui attirent et retiennent les étrangers.

Oran a deux ports : un port de commerce qui

touche la ville, et un port de guerre qui en est distant de 8 kilomètres. Ce dernier s'appelle Mers-el-Kebir. Pour s'y rendre, on se dirige vers le nord-ouest, on contourne la montagne de Santa-Cruz par une route taillée dans le roc, puis on longe la plage laissant sur la gauche les jolis villages de Sainte-Clotilde et de Saint-André. Mers-el-Kebir est adossé aux falaises d'un petit promontoire qui précède le cap Falcon. En face, de l'autre côté de la baie, se dresse le djebel Karkhar, ou montagne aux Lions, qui fut naguère le théâtre des exploits de Gérard. Au retour, on peut prendre sur la droite, près du village de Sainte-Clotilde, un sentier escarpé qui conduit, après une heure d'ascension, au fort de Santa-Cruz. On monte au milieu de plantes fleuries et de buissons épineux; peu à peu, la route d'en bas et la grève disparaissent : on est comme suspendu au-dessus de la mer, qui semble tout à la fois se rapprocher et s'étendre. Une brèche naturelle, ouverte entre deux massifs de rochers, marque le sommet; quelques pas encore, et l'on découvre la ville d'Oran qui se replie sur elle-même au fond d'un creux, et dans le lointain, à l'orient, au bout d'une longue ligne de falaises qui s'empourprent au coucher du soleil, la Montagne aux

Lions assise sur sa large base, revêtue sur ses flancs des nuances les plus délicates, les plus douces, les plus caressantes. On redescend par un bois de pins superbe, le long de ravins où croissent, à l'abri du vent, des arbres à fruits et des plantes alimentaires de toutes sortes.

La richesse du sol, aux environs d'Oran, est merveilleuse. L'eau manque souvent à la surface ; mais on la trouve sans trop de peine à une certaine profondeur, et on la fait monter au moyen de *norias*. J'ai visité trois exploitations rurales : l'une tout près de la ville, l'autre à Misserghin et la troisième dans la plaine des Andalouses.

La première est une propriété privée : elle comprend 25 hectares, dont 23 plantés en vignes. Elle est enclose par une double haie d'aloès et de cactus : les cactus placés à l'intérieur, et défendus par les aloès, rapportent chaque année des figues de Barbarie pour une somme de 150 à 200 fr. Trois ou quatre norias servent à l'irrigation, qui est favorisée par la pente douce et uniforme du terrain. Ces norias sont mues par des ailes analogues à celles des moulins à vent : elles sont à godets ou à piston ; les norias à godets opèrent comme des dragues ; leurs godets, en tournant, puisent l'eau dans le puits et la déversent en haut ; les norias à piston refoulent l'eau dans un tuyau par des rondelles de caoutchouc attachées à une chaîne sans fin. Les vignes avaient, dans les premiers jours d'avril, une très-belle apparence. Elles donnent un vin qui peut remplacer, pour la consommation habituelle, les vins ordinaires du Languedoc. Le produit est en moyenne de 90 hectolitres par hectare, ce qui fait pour les 23 hectares 2070 hectolitres, soit, au prix de 20 ou 25 fr. l'hectolitre, un revenu brut de 40 ou 50 000 fr. Le revenu net est estimé à 20 000 fr. au moins. La propriété ayant été achetée en 1861, pour une somme de 27 000 fr., y compris les frais, les dépenses consacrées aux bâtiments, norias et autres travaux préparatoires ou complémentaires s'étant élevées à environ 80 000 fr., on voit que le capital employé de cette manière se trouve, après quelques années de patience, placé au taux de 18 pour 100.

Les beys d'Oran avaient autrefois une jolie résidence d'été dans un endroit appelé Misserghin, à 15 kilomètres d'Oran, sur la route de Tlemcen. Le gouvernement français y établit d'abord un camp; puis, en 1842, il transforma en pépinière les jardins de la villa mauresque ; et enfin, en 1851, il céda la pépinière et ses dépendances au P. Abram pour la fondation d'un orphelinat. Cet orphelinat est très-bien tenu et habilement dirigé. Il contenait, quand je l'ai visité, 130 garçons; mais l'installation actuelle comporterait un nombre beaucoup plus considérable. La plupart des pensionnaires sont indigènes. Quelques-uns ont été recueillis parmi les Arabes dans des circonstances vraiment tragiques, à la suite de l'horrible disette qui décima les tribus en 1867, au moment même où leurs parents affolés par la faim se préparaient à les sacrifier. On sait qu'il y eut alors des exemples d'anthropophagie. Toutes les conditions hygiéniques sont réunies dans cet établissement : propreté des bâtiments, voisinage des arbres, cours spacieuses, pureté de l'air et de l'eau. Aussi les enfants ont une mine excellente; leur physionomie, vive et gaie, fait plaisir à voir. Combien d'enfants de la métropole, qui languissent dans nos asiles encombrés, trouveraient à Misserghin le milieu qui leur convient ! La dépense est de 80 centimes par tête et par jour, à la charge de la province. L'emploi du temps est réglé d'une manière très-convenable : trois heures à l'école, huit heures de travail manuel; le reste consacré aux repas, aux récréations, à la toilette et au sommeil. Les travaux manuels ne sont pas tous agricoles : il y a des ateliers de forgerons, de charrons, de menuisiers, de tanneurs, de cordonniers, de confectionneurs d'habits et d'autres encore. Un petit corps de musique, formé avec soin, s'acquitte très-gentiment de ses fonctions. Un seul détail m'a choqué, et je le cite parce qu'il prouve que l'esprit clérical perce toujours par quelque endroit dans les œuvres, les plus louables d'ailleurs, des congrégations religieuses : en parcourant les cahiers des élèves, je remarquai qu'ils portaient tous sur la couverture un grand portrait de Pie IX ; l'homme du *Syllabus*, l'ennemi de la civilisation moderne, préside ainsi en quelque sorte aux études de ces enfants, qui devraient être élevés en vue de la patrie et apprendre de bonne heure à respecter les principes de la société laïque.

Un asile de vieillards est annexé à l'orphelinat de garçons. Un peu plus loin, des sœurs tiennent un orphelinat de filles avec un asile pour les femmes parvenues à l'extrême vieillesse ; parmi ces dernières, il y en a une qui a dépassé cent quatre ans et qui tricote toujours. L'ancienne pépinière a été conservée, perfectionnée et agrandie. Des milliers de plantes sont vendues chaque année ; le verger et le potager produisent des fruits et des légumes superbes qui alimentent le marché d'Oran. Les orangers et les citronniers, cultivés principalement pour leurs fleurs qui sont distillées sur place, croissent avec une vigueur peu commune. De beaux platanes, des rideaux de cyprès dressés contre le vent, des thuyas, quelques palmiers récemment plantés, des belombras, des *Eucalyptus* en petit nombre, l'arbre de fer (*Sideroxylon cinereum*), succèdent ou se mêlent aux orangers et aux citronniers. Les vignes couvrent plusieurs hectares et donnent de bonnes récoltes.

L'établissement de Misserghin possède aussi un moulin situé à quelque distance du plateau où se trouvent les orphelinats, au fond d'une vallée longue et étroite. L'état à demi inculte de cette vallée permet d'admirer la flore naturelle du pays. La meilleure partie du sol est occupée par de grands citronniers qui laissent pendre au-dessus du chemin leurs rameaux chargés de fruits. De gros caroubiers dressent au milieu des rocs leur dôme de verdure. Des aubépines énormes embaument l'air du parfum de leurs fleurs. Des vignes sauvages serpentent à travers les arbres et les buissons. Les lentisques mâles et femelles, pointillés de rouge sur un fond vert, forment des groupes nombreux. Les genêts et les jasmins jaunes parsèment d'or les pentes abruptes. A l'ombre de la végétation arborescente ou en plein soleil, selon les espèces, les plantes herbacées poussent et fleurissent : il n'y en a guère d'inconnues pour ceux qui ont visité le midi de la France, mais elles prennent ici des dimensions et un éclat qui les font paraître nouvelles ; les plus communes semblent transfigurées. Un simple liseron, le *Convolvulus siculus*, étonne par sa beauté. On examine d'un regard curieux les corymbes roses de l'*Armeria mauritanica* et les lourds panaches du diss (*Ampelodesmos tenax*) qui sont des raretés pour nous. Les acanthes, les trèfles goutte de sang (*Lotus purpureus*), les belles-de-jour (*Convolvulus tricolor*), les cistes, les hélianthèmes, les glaïeuls, les iris, les mufliers, les grandes centaurées, les chrysanthèmes, les mauves, ont une telle splendeur qu'on croit les voir pour la première fois. Au delà du moulin, la vallée se resserre de plus en plus, et devient de plus en plus pittoresque ; les traces de culture s'effacent, on grimpe par des sentiers de chèvres frais et ombreux, jusqu'à une grotte profonde d'où sortent des sources dont les eaux, soigneusement canalisées, se dirigent vers Misserghin.

La plaine des Andalouses s'étend au nord de Misserghin, de l'autre côté du djebel Murdjajo, sur une longueur de douze ou quinze kilomètres; elle décrit un demi-cercle autour d'une baie comprise entre le cap Falcon et le cap Lindlès. C'est là, dit-on, que débarquèrent les premières victimes de l'édit de 1610, condamnant à l'exil les Maures d'Espagne. Deux communes y ont été constituées depuis l'occupation française, celle d'Aïn el Turck au nord-est et celle de Bousfer au nord-ouest. Ces communes comprennent aujourd'hui une population de 3600 habitants parmi lesquels se trouve environ un millier d'Européens. Une route d'une vingtaine de kilomètres, carrossable quoique bien rude et bien étroite, met Bousfer et Aïn el Turck en communication avec Oran. Un jeune officier d'artillerie avec qui j'avais lié connaissance m'offrit de faire la route à cheval. J'acceptai volontiers, car ce mode de locomotion est à la fois le plus agréable, le plus salutaire et le plus commode pour embrasser l'ensemble d'un paysage. Nous partîmes à sept heures du matin par une belle journée de printemps. Une forte brise tempérait l'ardeur du soleil. Nous suivîmes jusqu'à Saint-André la route de Mers-el-Kebir. Là, on quitte la plage et l'on commence à s'élever sur les hauteurs du djebel Murdjajo. La montagne qu'on traverse est aride et dépouillée d'arbres; mais les grosses touffes de cistes qui étalent leurs belles corolles d'un blanc si pur ou d'un rose si doux entre les parois des rochers, lui donnent quelque chose de souriant. A la descente, on retrouve la mer qu'on avait perdue de vue pendant quelque temps. Une corniche sinueuse et roide, bordée d'aloès en guise de parapet, vous porte en bas et alors on peut galoper à l'aise le long des champs qui se déroulent au loin, couverts de magnifiques céréales.

La ferme où nous étions attendus se trouve à l'extrémité occidentale de la plaine des Andalouses. Nous y arrivâmes à dix heures et le propriétaire nous fit visiter, avec une aimable complaisance, une partie de son domaine. Ce domaine appartenait autrefois à une compagnie d'actionnaires qui s'est dissoute. Sa valeur, qui peut être aujourd'hui estimée 300 000 francs, augmente sans cesse à mesure que les défrichements avancent. Il se compose de 3000 hectares distribués de la manière la plus heureuse sur les deux versants d'une montagne peu élevée et en rase campagne, le long d'une plage de sable fin. L'abondance des eaux qui descendent de la montagne permet d'irriguer la plaine sans norias. La plage, accessible aux petites barques qu'on appelle balancelles, facilite les transports des Andalouses à Oran. La région montagneuse est coupée par des ravins où se plaisent les légumes et les arbres fruitiers : elle offre çà et là des plateaux qui donnent, même entre les mains des Arabes, des récoltes d'une certaine importance ; dans ses parties les plus incultes, elle fournit des plantes textiles et de l'herbe pour les bestiaux. Quant à la région plate, cultivée par des travailleurs espagnols, je ne saurais mieux faire pour donner une idée de sa fertilité que de la comparer à la fameuse vallée de Grenade. La hauteur et la vigueur des blés et des avoines que le vent faisait onduler sous nos yeux promettaient déjà d'opulentes moissons, bien que le mois d'avril fût à peine commencé ; on sentait qu'il suffirait d'un petit nombre de semaines pour achever de les mûrir. Au milieu de ces vastes champs, un palmier isolé s'élève et sert de point de repère. La maison d'habitation est construite sur les ruines encore visibles d'une villa antique ; une allée de bananiers la protége contre les ardeurs excessives du soleil et conduit au bord de la mer. Nous partîmes emportant le souvenir d'une hospitalité cordiale et d'un site bien séduisant. Le domaine des Andalouses, trop étendu pour un seul homme, se morcellera tôt ou tard ; entièrement défriché, il pourra donner l'aisance à quelques centaines de familles laborieuses.

J.-J. CLAMAGERAN.

VII

TLEMCEN

Aïn-Temouchen. — Le marbre-onyx d'Aïn-Tekbalet. — Le marché du pont de l'Isser. — Les bois d'oliviers de Tlemcen. — Site, climat et ressources de la ville. — Rues et industries indigènes. — Les mosquées. — Les ruines du camp de Mansourah. — Les caravanes du Maroc. — Bou-Médine. — Conversation d'un Arabe avec un conseiller général. — Bévues administratives.

Tlemcen est située au sud-ouest d'Oran, à une distance de 130 kilomètres, un peu au-dessous du 35ᵉ degré de latitude. La route qui y mène est large et bien entretenue. Des diligences la desservent de nuit. Si l'on veut voyager de jour, il faut prendre des voitures particulières qui coûtent 100 francs y compris le retour. Après avoir dépassé Misserghin, on longe la Sebkra ou lac salé qui couvre une superficie de 32 000 hectares; on rencontre les colonies agricoles de Bou Tlélis et de Lourmel, fondées en 1840 et 1856; on passe le Rio-Salado, le *flumen Salum* des Romains, l'oued Malah des Arabes, ainsi nommé à cause de ses eaux saumâtres;

puis on arrive à Aïn-Temouchen, petite ville créée en 1851 qui est en voie d'accroissement, car elle n'avait, en 1860, que 900 habitants et aujourd'hui elle en a 1470, dont 665 étrangers, 662 Français et 143 indigènes. Près des villages, quelques cultures se montrent ; mais, en général, le pays paraît désert et inculte ; les palmiers nains foisonnent ; au-dessus d'eux s'élèvent à trois ou quatre mètres du sol les ombelles jaunes du *Ferula communis*, qui par leur nombre, leur volume et leur hauteur, accaparent l'attention au préjudice de plantes plus modestes et plus belles (1). De temps en temps, on croise de lourdes voitures chargées d'alfa. Pour la première fois depuis Alger, nous apercevons des chameaux.

A partir d'Aïn-Temouchen, on pénètre dans un massif montagneux. On franchit un col qui est à 700 mètres au-dessus du niveau de la mer. L'air devient froid. Le pays prend de plus en plus un aspect sauvage. Les orchis, qui aiment les solitudes, se montrent à découvert. On s'arrête aux carrières de marbre-onyx d'Aïn-Tekbalet. Quel malheur que ces carrières soient abandonnées ! Les veines mises à nu par les

(1) La tige du *Ferula* renferme, dit-on, 80 pour 100 de fibres textiles.

excavations, les fragments bruts qui jonchent le sol, sont vraiment admirables. Leur substance tantôt opaque, tantôt translucide, se colore de nuances qui attendent la main de l'ouvrier pour donner tout leur éclat, mais qui déjà, bien qu'à demi voilées, charment la vue ; parmi ces nuances dominent le grenat, le glauque et l'orangé. La teinte lumineuse de certains blocs me faisait songer aux splendides colonnes de jaspe oriental qui ornent la basilique de Saint-Paul, près de Rome.

Peu de temps après avoir quitté les carrières d'Aïn-Tekbalet, on atteint le pont de l'Isser. L'Isser est une petite rivière qui descend du djebel Assas et rejoint, en inclinant à l'ouest, l'oued Tafna. Ses bords sont embellis par des iris bleus. Sur la rive gauche se trouve un hameau européen qui date de 1858. Sur la rive droite, un marché arabe se tient tous les mercredis. Au moment où nous arrivions, l'animation du marché était à son comble ; les tentes étaient dressées ; on débitait toute espèce de marchandises, des légumes, des fruits, de la viande, des étoffes ; les ânes et les chevaux broutaient l'herbe ; on préparait en plein air le couscouss et le café; quelques femmes indigènes allaient et venaient portant des provisions ; les hommes, très-nombreux, accroupis pour la plupart, devisaient de leurs affaires ; un chef monté sur une bête ardente, botté de rouge, vêtu d'un fin tissu de laine blanche, partait au galop.

Aux approches de Tlemcen, la contrée prend un caractère nouveau : les montagnes qui ferment l'horizon paraissent plus hautes, leur relief s'accuse davantage et en même temps les cultures moins rares, les bouquets d'arbres plus fréquents animent les premiers plans du paysage. Peu à peu, on découvre de grands bois d'oliviers formant une masse de verdure compacte ; la ville émerge du sein de ces bois ; les minarets des mosquées la signalent au loin ; une muraille de rocs chaudement colorés se dresse derrière elle ; du côté de l'est, elle semble inaccessible ; du côté opposé, une rampe assez douce permet d'y monter. On passe au village de Négrier, qui date, comme Bou-Tlélis et Aïn-Temouchen, de notre seconde république ; on traverse la petite rivière du Safsaf et enfin on pénètre dans les bois qui entourent la ville et qui servent de promenades à ses habitants. L'olivier n'est pas un arbre jaloux ; il souffre dans son voisinage tout un monde végétal ; ici, les figuiers, les amandiers, les grenadiers, se pressent à ses côtés ; çà et là, les nopals montrent leurs raquettes ; de temps en temps s'ouvrent des clairières où les anémones lilas croissent parmi les herbes.

Nulle part l'influence de l'altitude sur la température ne se fait plus sentir qu'à Tlemcen. A la fin de mars, le thermomètre à Oran marquait de 20 à 22 degrés; à Tlemcen, le 2 et le 3 avril dans l'après-midi, il ne marquait plus que 7 ou 8 degrés; le ciel était pur et au soleil on ne sentait pas le froid; mais à l'ombre et surtout le soir on éprouvait le besoin de vêtements chauds; on aurait même accepté volontiers un peu de feu. L'élévation de la ville au-dessus du niveau de la mer est de 800 mètres; les pics des montagnes voisines, au sud, ont une hauteur de 1300 à 1530 mètres.

Un climat tempéré, des eaux abondantes, une campagne fertile aux environs, une situation favorable aux échanges avec le Maroc et le Sahara, un large débouché ouvert au nord par la route d'Oran, voilà bien des conditions de prospérité. Les Européens commencent à le comprendre. Ils fondent des maisons de commission, ils établissent des minoteries et perfectionnent la fabrication des huiles, qui, bien traitées, rivalisent avec celles de Provence. Sur une population totale de 14,554 habitants, le recensement officiel de 1872 constate 8346 musulmans, 1580 étrangers et 4628 Français, parmi lesquels se trouvent confondus les juifs indigènes; en déduisant les juifs, on peut estimer à environ 4000 le nombre des Européens.

La plus grande partie de la ville garde encore le caractère arabe. On a élargi certaines rues, régularisé ou créé quelques grandes places, mais au moindre détour on retombe dans un dédale inextricable de ruelles étroites et tortueuses, souvent voûtées, bordées de maisons basses et discrètes. Presque tous les artisans sont indigènes; ils exercent leurs métiers sous les yeux du public dans des logettes au rez-de-chaussée, éclairées par une seule ouverture qui sert à la fois de porte et de fenêtre; ils y paraissent parfaitement à l'aise et compensent par leur adresse ce qu'il y a de trop primitif dans leurs procédés; ceux qui travaillent le cuir sont de véritables artistes; la grâce et le prestige de l'Orient se retrouvent dans les harnais et les selles de maroquin rouge qu'ils confectionnent. Le musée réuni à la mairie par des mains françaises se compose d'objets arabes parmi lesquels on remarque des fûts de colonnes élégamment sculptés, un canon pierrier se chargeant par la culasse, et, sur une plaque de marbre, avec une inscription explicative, le type de la coudée. Tous les monuments dignes d'intérêt sont arabes. L'ancien palais des rois musulmans, le mechouar et les principales mosquées attestent la splendeur de Tlemcen au XIIIe et au XIVe siècle. Elle était alors capitale d'un État indépendant; sa population se montait à plus de 100,000 âmes; elle regorgeait de richesses. Là, comme en Espagne, sans atteindre le même éclat, la civilisation née de l'Islam s'épanouissait d'une manière brillante, mais elle devait périr rapidement, l'idée de liberté et l'idée de progrès, qui sont les forces rénovatrices des sociétés humaines, lui faisant défaut.

La mosquée de Cordoue et l'Alhambra restent des chefs-d'œuvre incomparables. Au-dessous d'eux cependant il y a place pour des beautés d'un autre ordre, qui, sous des formes différentes et à un degré inférieur, manifestent le même génie. Les temples de Pœstum et d'Agrigente ne laissent pas indifférent le voyageur qui a eu le bonheur de voir le Parthénon. Le mechouar et les mosquées de Tlemcen ont aussi un charme qui leur est propre. Leurs tours carrées couleur d'ocre, à la fois solides et sveltes, avec leurs cigognes perchées au sommet, montent joyeusement dans les airs et s'harmonisent avec le ciel bleu. A l'intérieur des mosquées, les piliers, les arcades, les coupoles, les parois taillées à jour, les dessins ingénieux qui les couvrent, tout semble disposé pour varier à l'infini les effets de jour et d'ombre ; des contours, des lignes, des espaces et des points lumineux, tels sont les seuls éléments mis en œuvre ; c'est la fête de la lumière, non de la lumière décomposée par les vitraux ou les prismes, mais de la lumière pure, entière, blanche, tantôt intense et vive, tantôt à demi éteinte, mystérieuse, portant tour à tour à l'enthousiasme et au recueillement.

A trois kilomètres au sud-ouest de Tlemcen, se trouvent les ruines du camp de Mansourah, ruines grandioses qui montrent d'une manière saisissante quelles ressources possédaient les princes musulmans au moyen âge et la brutalité insouciante avec laquelle ils en disposaient. En 1302, Abou-Yacoub assiégeait Tlemcen depuis trois ans. Désespérant d'un succès rapide, il convertit son camp en une ville. Le siége dura encore cinq ans ; puis vint la paix, puis un nouveau siége ; les sultans de Tlemcen reprirent Mansourah, la dévastèrent, et les magnifiques constructions qu'on y avait élevées, à demi détruites, ne furent jamais réparées. Les maisons, les palais, les bains, les marchés, les hôpitaux, ont disparu entièrement ; mais l'enceinte, haute de 12 mètres, protégeant un espace de 100 hectares, et la mosquée, présentent encore d'énormes pans de murs d'une teinte rougeâtre qui restent debout. Tout un côté du minaret est intact et l'on voit à certains endroits quelques fragments des faïences qui l'ornaient; l'autre côté s'est écroulé. Les Arabes racontent que le côté intact avait été construit par un architecte musulman et le côté écroulé par un juif.

Au moment où nous quittions ces ruines, des chameaux défilaient sur la route. Ils venaient sans doute du Maroc, peut-être de Tafilalet, qui est en plein Sahara, près du 31e degré de latitude, à une distance de 125 lieues, et qui dirige de temps en temps sur Tlemcen des caravanes chargées de dattes, de peaux de chèvres, de téllis (sacs de poils de chameau) et de filali (maroquin rouge).

Après Mansourah, la grande curiosité des environs, c'est le village d'El Eubbad, plus connu sous le nom de Bou Médine, occupant au sud-est un terrain très-accidenté. On s'y rend à pied en une demi-heure. Sur le chemin on rencontre le cimetière européen, caché au milieu de la verdure, et le cimetière arabe, dont les tombes nombreuses et en désordre, éparpillées sur un vaste espace, s'étalent sans abri sous les rayons du soleil. Groupées autour des tombes, des femmes indigènes, vêtues et voilées de blanc, causent ensemble avec autant d'aisance que les nôtres dans un salon. Un sentier assez rude conduit au village, d'où l'on jouit d'un beau coup d'œil sur la ville et la campagne pittoresque des alentours. On longe de jolis jardins et de vieilles maisons d'un aspect misérable, dont le délabrement se dissimule à peine derrière la verdure; bientôt on arrive au pied des trois édifices qui ont rendu célèbre le village d'El Eubbad : la kouba, la mosquée et la medersa. Tous trois ont été élevés du XIIe au XIVe siècle en l'honneur du marabout Sidi Bou Médine, savant théologien né à Séville vers 1126, mort sur la route de Tlemcen, au bord de l'Isser, en 1198.

La kouba est, comme tant d'autres en Algérie, un petit dôme couvrant un tombeau; seulement celle-ci est plus ornée. Elle renferme le cénotaphe du saint personnage. Une demi-obscurité règne dans l'intérieur; le peu de lumière qui passe à travers les vitraux colorés suffit tout juste pour permettre de distinguer les objets. De toutes parts pendent des drapeaux de soie; au centre, des étoffes lamées d'or et d'argent se déploient par-dessus la tombe du marabout; dans les coins de l'étroite enceinte on aperçoit de petits miroirs, des lanternes, des œufs d'autruche, toute une collection d'offrandes ni plus ni moins puériles que les *ex-voto* des églises catholiques. La medersa était un grand collége, une sorte de Sorbonne musulmane. Elle est en ruines. Quant à la mosquée elle est heureusement assez bien conservée; son portique, sa cour intérieure, ses arcades, ses carreaux de faïence, son minaret, ses sculptures et ses colonnes d'onyx au fond du sanctuaire, sont des spécimens précieux de l'art mauresque, art délicat et fin qui s'élève rarement au sublime, mais qui enchante l'esprit par la subtilité ingénieuse des détails et l'harmonie parfaite de l'ensemble.

Un membre du conseil municipal de Tlemcen et du conseil général d'Oran nous avait accompagnés à Bou Médine. En revenant, nous rencontrâmes un Arabe qui l'aborda et l'entretint en fort bon français d'affaires administratives. Cet Arabe fait partie du syndicat des eaux. Naturellement il se plaignait de beaucoup de choses, surtout de l'état de la voirie, qui est en effet pitoyable entre Bou Médine et la ville. « Vois-tu, monsieur des Ageux, disait-il (les Arabes tutoient toujours même quand ils emploient les formules les plus respectueuses), il faut être juste; la justice c'est un grand bien pour tout le monde; nous payons nos impôts, qui nous paraissent très-lourds, sans murmurer, quand nous voyons ce qui en sort; mais quand on ne fait rien pour nous, quand notre argent s'en va loin du pays et qu'on nous laisse souffrir, nous sommes tristes, nous trouvons que c'est injuste, et toi qui es bon, tu ne peux pas dire le contraire. » Ces paroles fortement accentuées étaient accompagnées d'un jeu de physionomie et de gestes singulièrement expressifs. Elles furent écoutées comme elles devaient l'être, d'une manière sympathique. Ont-elles abouti à quelque résultat? je l'ignore. Ce qui est certain, c'est qu'en Algérie et ailleurs il est dangereux d'écarter, sans en tenir compte, de pareils griefs: si l'on veut produire l'apaisement, il importe, tout en respectant les exigences nécessaires du pouvoir central, de faire une large part aux besoins locaux.

Dans plus d'un endroit, et à Tlemcen en particulier, l'administration française doit s'efforcer de relever son prestige aux yeux des Arabes. Des bévues nombreuses ont été commises, qui ont fait rire à nos dépens. Il y avait du temps des Turcs et sous la domination d'Abd-el-Kader un magnifique bassin qui servait de réservoir aux eaux de la ville : les Français arrivent, le bassin fuit; on essaye de le réparer, on aggrave le mal; un ingénieur découvre enfin le point faible, il dirige les travaux dans une bonne voie, il se croit sûr du succès; à ce moment, on le déplace, l'entreprise est abandonnée et le bassin reste vide. Le 30 janvier 1842, notre armée occupe Tlemcen d'une manière définitive; des écuries sont nécessaires pour les quartiers de cavalerie, on les construit à la française, soigneusement closes; les chevaux arabes, qui aiment le grand air, tombent malades; on s'aperçoit un peu tard que le modèle officiel de nos écuries ne vaut rien en Afrique; il faut absolument faire les frais d'une seconde installation; cette fois le but est atteint, les « buveurs d'air » respirent à pleins poumons et cessent de languir; on peut les voir du dehors couchés sur leur litière, prêts à partir au moindre signal. L'inexpérience explique et excuse, dans une certaine mesure, bien des fautes; mais notre système administratif est une cause permanente de complications, de retards, d'embarras de toutes sortes. Des travaux urgents sont suspendus parce que la municipalité attend l'approbation de l'autorité supérieure. On supprime une sous-préfecture; personne ne se plaint de cette suppression, au contraire; mais on s'étonne que l'hôtel du fonctionnaire devenu inutile ne donne aucun revenu ; il serait loué sans doute si les bureaux n'imposaient pas au locataire des conditions trop onéreuses. Quel que soit le zèle du préfet, des chefs militaires et des conseils électifs, la machine administrative fonctionne lourdement ; ses rouages auraient besoin d'être simplifiés (1).

(1) Le préfet d'Oran, à l'époque où je visitai cette province, était M. Jules Mahias, secrétaire général de la mairie de Paris pendant le siége. Il s'était fait remarquer par ses aptitudes administratives, par son caractère aimable et conciliant. Les ministres de « l'ordre moral » l'ont révoqué. Ils n'ont pu empêcher les marques non équivoques de sympathie qui l'ont accompagné dans sa retraite.

VIII

SIDI-BEL-ABBÈS

Cascade du Safsaf. — Le djebel Rouméliah. — Les bois de thuyas. — L'alfa. — Les Ouled-Mimoun. — Lamoricière. — Cascade de l'Isser. — Vallée de l'oued Mekerra. — *Tulipa celsiana.* — Importance de Sidi Bel Abbès. — L'administration municipale. — Le culte de la Vierge. — Route de Sidi Bel Abbès au Tlélat.

Si le temps est beau, on peut revenir de Tlemcen à Oran en deux jours par la route de Sidi-Bel-Abbès, un peu plus longue et beaucoup plus à l'est que celle d'Aïn-Temouchen. La seconde partie de la route entre Sidi-Bel-Abbès et Oran n'offre aucune difficulté. Il n'en est pas de même de la première partie, comprise entre Tlemcen et Sidi-Bel-Abbès. Elle était ouverte, mais non encore achevée au mois d'avril. Les pluies de mars avaient détrempé le sol; des ornières profondes s'étaient formées; les surfaces sèches étaient horriblement raboteuses; des flaques d'eaux très-étendues couvraient parfois la chaussée; la voiture passait alors à travers champs ou plutôt à travers les broussailles, écartant ou brisant les arbustes sauvages. Malgré leur énergie et leur souffle, nos chevaux mirent dix heures à franchir une vingtaine de lieues, sans compter deux heures de repos.

Au sortir de Tlemcen on monte sur les flancs du djebel Nador, dont le sommet est à 1520 mètres au-dessus du niveau de la mer; on laisse à gauche et en bas Bou Médine, et après avoir parcouru une distance de six kilomètres depuis la ville, on arrive à la cascade du Safsaf (en arabe El Ourit). Cette cascade serait admirée même en Suisse. J'ai compté sept chutes distinctes et successives, mais on ne les découvre pas toutes ensemble; suivant le point de vue tantôt l'une, tantôt l'autre disparaît derrière les rochers et les arbres au milieu desquels la rivière tournoie. Rafraîchis par les embruns des chutes et les infiltrations souterraines, les oliviers, les figuiers, les grenadiers, les cerisiers, les lentisques, prennent un développement prodigieux; ils s'étalent en massifs profonds, s'entassent dans tous les coins et recoins, pendent sur les eaux, percent les pierres et semblent par la hardiesse de leurs attitudes braver les lois de l'équilibre. Les rochers ne sont pas moins remarquables que les arbres; par leur couleur, par leur forme, par leurs

J. J. CLAMAGERAN.

perforations bizarres et les grottes qui en résultent, par leur structure lamellée assez semblable à celle de certains os, et enfin par les empreintes nombreuses de feuilles fossiles qui s'y trouvent, ils excitent au plus haut point la curiosité.

On passe le Safsaf sur un pont élégamment construit ; à l'extrémité du pont une seconde montagne s'élève, c'est le djebel Roumeliah. On la contourne assez longtemps. Les sinuosités de la route vous préparent une surprise agréable : Tlemcen, qu'on ne croyait plus revoir, reparaît une dernière fois. Mollement assise sur sa colline, baignée de lumière, le front couronné de rocs, les flancs entourés d'une ceinture verdoyante, montrant à la suite de ses minarets et de ses dômes les ruines imposantes de Mansourah, agrandie et idéalisée en quelque sorte par la perspective, elle est vraiment belle. On comprend que l'émir Abd-el-Kader lui ait consacré l'un de ses chants : « Je l'aime, dit-il, comme l'enfant aime le cœur de sa mère. » Quand on a cessé de voir Tlemcen, on se trouve dans une solitude presque complète. On traverse une région tout à fait sauvage : pas de villages, pas de cultures ; quelques troupeaux de temps en temps, surtout des troupeaux de chèvres, quelques tentes enfumées de loin en loin, quelques Arabes à cheval, un officier de spahis suivi de deux cavaliers en burnous rouge, de larges sillons tracés sur la chaussée par des roues de charrettes, telles sont les seules marques de civilisation qui s'offrent à nous pendant plusieurs heures. Et cependant cette région fournit deux choses d'un grand prix : le bois de thuya et l'alfa.

Le thuya est bien connu; nous en avons dans nos jardins : c'est un conifère de la tribu des cupressinées; sa résine sert à préparer des vernis ; son bois est très-recherché en ébénisterie pour la finesse du grain et la beauté des veines. L'alfa est une graminée qui nous est étrangère de toutes façons, car elle n'existe pas chez nous et la plupart des Français soupçonnent à peine son existence. En Algérie même, il en est question seulement depuis un petit nombre d'années. De même que le diss est la graminée caractéristique du Tell, l'alfa l'est des hauts plateaux. Les botanistes l'appellent *Stipa tenacissima*. On le confond quelquefois avec le sparte (*Lygeum spartum*) dont les Espagnols font un si grand usage. Il lui ressemble par ses feuilles effilées en forme de petits joncs. Il s'en distingue par sa floraison, par ses racines, qui partent d'une souche et non d'un rhizome souterrain, qui s'enfoncent en terre sans être traçantes, enfin par la longueur de ses feuilles légèrement frisées au bout qui atteignent 80 centimètres, tandis que celles du sparte ne dépassent pas 70 centimètres, et qui sont plus fines, plus tenaces, plus pointues. Au point de vue industriel c'est un sparte, mais un sparte de première qualité. On s'en sert pour fabriquer des nattes, des corbeilles, des cordes, des sandales, des chapeaux et du papier. Cette dernière application, qui est récente, lui ouvre un immense débouché dans certains pays, comme l'Angleterre, où les chiffons manquent et où la consommation du papier, encouragée par les mœurs, exempte de taxes spéciales, s'étend de jour en jour dans d'énormes proportions. En 1863, le port d'Oran exportait 10 000 quintaux d'alfa; trois ans après, 42 000; 90 000 en 1869; 370 000 en 1870, et 600 000 en 1871. Le quintal valant de 12 à 15 francs, il s'agit, on le voit, d'un revenu annuel qui, dans l'espace de huit ans, s'est élevé du chiffre moyen de 135 000 francs à plus de 8 000 000.

L'alfa aime les terrains argileux et secs. Il se trouve dans les trois provinces d'Algérie, mais la province d'Oran est, sous ce rapport, privilégiée de deux manières : d'abord la région des hauts plateaux qui occupent le centre du massif de l'Atlas et séparent le Tell du Sahara, y est plus étendue qu'ailleurs; elle embrasse près de 6 millions d'hectares, tandis que dans la province d'Alger elle se réduit à 3 millions, et dans la province de Constantine à 2 200 000; ensuite l'alfa, qui est très-rare dans le Tell des deux autres provinces, se montre en quantité notable dans la province d'Oran, en deçà des hauts plateaux et même au bord de la mer. Nous en avions rencontré quelques touffes dans les montagnes qui avoisinent la plaine des Andalouses; sur la route de Sidi Bel Abbès, à dix ou quinze lieues des hauts plateaux, nous l'avons vu croître en abondance.

La cueillette de l'alfa se fait au moyen de bâtonnets qu'on enroule autour des feuilles et qui les tirent sans endommager la gaîne d'où elles sortent. Sous peine de nuire à la plante, elle ne doit pas être entreprise avant le mois d'avril. Il vaudrait mieux encore qu'elle fût retardée jusqu'en mai. On s'est demandé si la cueillette de l'alfa ne porterait pas préjudice aux troupeaux nomades qui remontent chaque année du Sahara sur les hauts plateaux. Le conflit peut avoir lieu pendant quelques jours au début de la belle saison; les feuilles sont encore assez tendres pour tenter les bestiaux et assez dures déjà pour ne pas être dédaignées des industriels;

mais elles ne tardent pas à devenir coriaces; elles sont alors excellentes comme matière première et détestables comme pâture. Sous tous les rapports, ce qui importe, c'est que la cueillette ne soit pas trop précoce.

Du djebel Rouméliah on descend dans la vallée de l'Isser et l'on traverse le territoire de la tribu des Ouled-Mimoun. Un petit hameau de 200 habitants, nommé Lamoricière, se rencontre là d'une manière fort opportune pour les voyageurs; de braves gens, qui ne sont ni arrogants ni serviles, vous donnent un déjeuner très-passable, sans vous exploiter. Le hameau est entouré d'une enceinte défensive en terre. A deux pas de l'enceinte, la rivière coule dans un lit profondément encaissé; un peu plus loin, elle forme une cascade moins haute que celle du Safsaf, mais peut-être plus ample et presque aussi belle. En allant à la cascade, nous passâmes devant une tente arabe, noire, basse et large; de gros chiens se mirent à aboyer; une forte négresse les calma, les retint et eut en outre la complaisance de nous montrer un sentier commode.

Après avoir quitté la vallée de l'Isser, on s'engage dans une région montagneuse qui ne diffère pas beaucoup, pour la végétation et la nature du sol, du djebel Rouméliah ; puis on tombe dans la vallée de l'oued Mekerra qui, suivant la coutume arabe, prend divers noms le long de son cours et s'appelle plus bas le Sig ; le terrain devient plus humide ; entre les buissons, au bord de la route et jusque sous les pieds des chevaux poussent des tulipes d'une espèce rare (*Tulipa celsiana*), d'une forme délicate, d'un jaune jonquille, avec quelques nuances rosées sur la face extérieure des pétales. Bientôt les champs de céréales succèdent aux bois, aux prairies et aux landes ; les fermes européennes remplacent les tentes arabes ; la route s'améliore ; le village de Sidi Lahsen se présente ; il ne reste plus que 12 kilomètres pour gagner Sidi Bel Abbès ; on les franchit rapidement.

Sidi Bel Abbès était, il y a trente ans, un lieu de pélerinage ; les Arabes y venaient faire leurs dévotions auprès d'un tombeau de marabout reposant sous une petite kouba. En 1843, les Français y établirent un poste militaire. Le poste attira des cantiniers, des marchands, des artisans ; peu à peu un groupe d'Européens assez considérable s'y forma. Un décret du 5 janvier 1849 reconnut officiellement la nouvelle ville, qui fut érigée en commune sept ans plus tard. En 1860, la population totale, y compris la banlieue, était d'environ 5 000 âmes; aujourd'hui, elle est de 7876, dont 6537 Français et étrangers, 1339 musulmans. Dans l'espace de douze ans elle a augmenté de 37 o/o. Un mur crénelé entoure la ville : les maisons, très-simples et très-propres, n'ont qu'un rez-de-chaussée ou un seul étage; de beaux mûriers ombragent les principales rues et les places; l'église, lourde et vulgaire, comme toutes les églises algériennes, n'offre d'intéressant que ses nids de cigogne.

L'administration municipale est habilement dirigée. Elle s'occupe particulièrement des écoles, qui sont laïques pour les garçons; mais l'influence cléricale lui crée souvent des embarras. J'ai constaté le même fait à Tlemcen et dans d'autres communes de la province d'Oran. Le culte de la Vierge s'affiche au dehors avec une naïveté qui touche à la niaiserie. Au-dessus de la porte de la salle d'asile, on lit une inscription ainsi conçue : « Laissez venir à moi les petits enfants »; l'inscription est couronnée par une figure... celle du Christ sans doute, qui, d'après l'Évangile (Luc, XVIII, 16), prononça les paroles inscrites?... non, celle de la Vierge. A la porte de l'école des filles, la même figure reparaît avec ces mots : « Je suis la mère de la science et de la sainte espérance. » Voilà où en est le christianisme interprété par les cléricaux de nos jours. Dieu s'efface derrière le Christ, et le Christ derrière la Vierge. Que doivent penser d'un pareil culte, je ne dis pas les libres penseurs ou les protestants, mais les fidèles de l'Islam, eux qui adorent le Dieu unique, le Dieu invisible, supérieur à toutes les représentations humaines ? S'il est vrai qu'une religion en s'efféminant se dissout, — et la fin du paganisme antique semble le démontrer, — le catholicisme, sous sa forme actuelle, est gravement menacé ; les intrigues les mieux ourdies, les gouvernements de combat les plus violents ne le sauveront pas; il perdra ce qui lui reste d'empire sur les âmes, à moins qu'il ne trouve dans son sein quelque élément de réforme et de régénération.

La route de Sidi Bel Abbès à Oran est loin d'être aussi accidentée que celle de Tlemcen à Sidi Bel Abbès. On se dirige au nord, laissant sur la gauche le djebel Tessala, dont le sommet s'élève à 1022 mètres; on traverse le village de Sidi-Brahim et le hameau des Lauriers-Roses ; on passe le col des Ouled Ali et enfin, à la station du Tlélat, on prend le chemin de fer, qui en moins d'une heure vous ramène à Oran. La distance parcourue sur la route de terre est de 52 kilomètres. La contrée, sans être très-pittoresque, est d'un aspect agréable. Les chasseurs la recherchent singulièrement ; les cailles y passent en grand nombre à certaines époques de l'année ; en toutes saisons, les gazelles y abondent. Dans les ruisseaux on trouve des tortues ; il suffit de regarder avec soin pendant quelques instants pour en voir. La terre est bonne, convenable pour les céréales partout où elle est défrichée, c'est-à-dire débarrassée des palmiers nains. L'hectare non défriché, vaut de 30 à 50 francs ; défriché, il décuple de valeur. Les cultures n'occupent encore qu'un espace restreint ; quand elles se montrent, on le remarque. L'élevage des porcs est très-productif et commence à se faire sur une vaste échelle. La proximité du chemin de fer assure un débouché facile. On espère qu'un embranchement reliera un jour Sidi Bel Abbès au Tlélat. Quoi qu'il en soit de ce projet, les chances de prospérité sont déjà grandes. Sidi Bel Abbès est appelé à devenir un centre de premier ordre pour notre colonisation.

IX

MOSTAGANEM

Colonies créées en 1848 entre Oran et Mostaganem. — Saint-Cloud, Arzew, Mazagran. — Décadence de Mostaganem. — Le ravin de l'Aïn Safra. — Le village arabe. — La vallée des jardins. — Retour de nuit à Alger. — Un paysage digne de Salvator Rosa. — Le parfum des orangers et des eucalyptus. — Les phares, le gaz et le clair de lune.

Un décret de l'Assemblée nationale, rendu le 19 septembre 1848, avait ouvert un crédit de 50 millions pour l'établissement de colonies agricoles en Algérie et l'exécution des travaux publics destinés à en assurer la prospérité. Nous avons déjà mentionné quelques-unes des colonies fondées en vertu de ce décret dans le Sahel, dans la Mitidja, aux environs de Tlemcen et de Sidi-Bel-Abbès. La série principale et la plus compacte se trouve échelonnée entre Oran et Mostaganem, sur un parcours de 80 kilomètres, au pied du Djebel Karkhar d'abord, puis autour du golfe où se jette la Macta. Voici la liste des petites villes et des villages qu'on rencontre à partir d'Oran : Arcole, Assi-Bou-Nif, Assi-Ameur, Fleurus, Assi-Ben-Okba, Assi-Ben-Féréah, Saint-Louis, Saint-Cloud (1182 habitants), Christel, Kléber, Mefessour, Sainte-Léonie, Arzew (1578 habitants). Arzew et Sainte-Léonie datent de 1846, mais ils n'ont été réellement peuplés qu'en 1848. La Stidia (466 habitants) est une colonie allemande ; des émigrants prussiens, amenés sur les côtes d'Afrique par suite d'incidents de voyage assez étranges, la fondèrent en 1846. Christel est un village arabe. Mazagran moitié européen, moitié arabe, est antérieur à l'occupation française. En retranchant de la liste Mazagran, Christel et La Stidia, il reste quinze colonies formées en 1848 : leur population s'élevait, en 1860, au chiffre de 5855 habitants; d'après le recensement de 1872, elle est aujourd'hui de 8835 habitants, dont 361 musulmans ; en douze ans, elle s'est accrue de 42 pour 100 ; ce n'est pas là un développement extraordinaire, cependant c'est l'indice d'une certaine prospérité. Les maisons des villages et les cultures qui les entourent témoignent de l'importance des travaux entrepris, de la fécondité du sol et de l'aisance des colons.

Une route assez bonne, desservie par des diligences, met en communication les uns avec les autres les divers groupes que nous avons cités et les rattache aux deux villes qui occupent les points extrêmes de la ligne. En suivant cette route, nous avons remarqué l'élégant village de Saint-Cloud peuplé par des Parisiens ; le petit port d'Arzew, si heureusement abrité ; la colonne de Mazagran, élevée en souvenir des cent vingt-trois hommes, soldats sans peur sinon sans reproche, qui soutinrent pendant trois jours, au mois de février 1840, l'assaut de deux mille Arabes ; puis le haras et les vergers si riches en fruits de toutes sortes qui précèdent Mostaganem. Nous avions eu au départ une pluie torrentielle, mais le soleil reparut au bout de quelques heures ; dans l'après-midi le ciel était redevenu serein ; les larges capitules des chrysantèmes couleur d'or, les épis incarnats des glaïeuls brillaient sur un fond de verdure lavée et luisante ; les genêts blancs, qui croissent au bord de la mer, près du pont de la Macta, remplissaient l'air de leurs parfums.

Mostaganem est une ville de 5891 habitants ; elle en avait, il y a douze ans, plus de 8000. Depuis la création du chemin de fer, qui passe à une distance de 35 kilomètres, le mouvement commercial incline de plus en plus du côté d'Oran. Ce qui est pire pour Mostaganem, c'est qu'elle n'a pas de port. Cependant elle lutte avec courage contre les difficultés de sa situation. Elle ne veut pas déchoir, et le fait est que sa tenue extérieure n'annonce pas la décadence ; elle s'attache surtout à développer ses établissements industriels, qui consistent particulièrement en minoteries, poteries et tanneries. L'Aïn Safra, qui coule à l'est de la ville, dans un ravin, est pour elle une précieuse ressource, car il lui donne la force motrice.

De l'autre côté du ravin, se trouve un village arabe qu'on visite avec plaisir. C'est un type accompli dans son genre, sans aucun mélange d'élément étranger. Aucune maison européenne ne se montre parmi les cubes blanchis à la chaux, aucune église à côté des gracieuses mosquées. Les costumes des hommes et des femmes sont aussi empreints de la couleur locale la plus pure. Le cimetière qui avoisine le village, avec ses tombes éparses, presque à fleur de terre, sans aucun souci de l'hygiène, n'est pas moins caractéristique. Une seule chose étonne, c'est de rencontrer là tant d'Arabes disposés à causer avec un Français, parlant et prononçant notre langue avec une correction presque irréprochable.

A l'est de Mostaganem s'ouvre la charmante

vallée dite Vallée des jardins ; au sud, une route de 12 kilomètres conduit à Aboukir, colonie agricole qui date de 1848 ; de là, on se rend en trois ou quatre heures, soit à la station de l'Hillil, soit à celle de Relizane. Les mûriers sont très-nombreux dans cette région ; ils alternent avec les figuiers, qu'on cultive par grandes masses, sur de vastes espaces, et les cactus arborescents, qu'on dispose en forme de bosquets.

Nous revînmes à Alger par le train qui part le matin d'Oran à 6 h. 40 m. et de Relizane à 11 h. 30. La plaine du Chélif nous parut aussi fleurie et plus verte encore qu'au mois de mars, car les buissons de jujubiers commençaient à se couvrir de feuilles. Nous passâmes de nuit les montagnes qui séparent Affreville d'El Affroun. La lune dans son plein éclairait une partie des gorges et leur donnait un aspect fantastique. La sérénité du ciel faisait ressortir la nature tourmentée du sol. Tour à tour enveloppé d'une ombre noire et d'une lumière argentée, le paysage accentuait plus fortement ses traits essentiels ; les ravins paraissaient plus profonds, les sommets plus hauts, les arbres plus grands, les rochers plus massifs ; atteints par quelques rayons obliques au milieu de l'obscurité générale, certains détails prenaient tout à coup une importance énorme. C'était une scène digne du pinceau de Salvator Rosa.

Trois heures plus tard, un spectacle tout autre s'offrait à nous. Nous venions de traverser la Mitidja, nous avions tourné la pointe du Sahel, nous étions encore tout imprégnés de l'arome des orangers et des eucalyptus, nous longions le bord de la mer, qui s'étendait à notre droite; les lames, se déroulant à deux pas des rails, couvraient de leur écume neigeuse le sable de la baie ; à notre gauche se dressaient des rangées de nopals et d'aloès ; les collines de Mustapha étalaient leur verdure parsemée de petites taches blanches; des lueurs vagues se montraient en face de nous. Peu à peu ces lueurs augmentent, bientôt elles se transforment en une vaste illumination ; le port d'Alger se montre tout radieux, un phare surmonté d'un feu rouge signale la jetée du nord, la ligne des quais resplendit, une traînée lumineuse serpente à travers la ville jusqu'à mi-hauteur. Les quartiers les plus élevés, ceux qui touchent à la Casbah, semblent dédaigner cet éclat artificiel ; ils gardent de nuit comme de jour une physionomie distincte ; les rayons jaunes des becs de gaz n'altèrent point le blanc mat de leurs terrasses, la lune seule leur verse sa clarté.

X

CONSTANTINE

Traversée d'Alger à Stora. — Escales de Dellys et Bougie. — Fromentin. — Escales de Djidjelli et Collo. — Stora. — Bois de chênes-liége. — Philippeville. — Chemin de fer de Philippeville à Constantine. — Rudesse du pays numide. — Le plateau de Constantine. — La cité aérienne et la cité souterraine. — Caractère des indigènes. — Leurs monuments. — Œuvres des Français. — Procès des insurgés de 1871. — El Hadded, Mokrani, Ben-Ali-Chérif. — L'armée et les bureaux arabes. — Environs de Constantine. — Le Rummel. — Les bains de Sidi Meçid. — Excursion à Rouffac, territoire des Beni Ziad. — Les colons d'Alsace-Lorraine. — Le goum arabe et la fantasia.

Il n'est pas aussi facile d'aller d'Alger à Constantine que d'Alger à Oran. La distance est à peu près la même, plutôt un peu moins longue (408 kilomètres au lieu de 420). Mais il n'y a pas de chemin de fer et la route de terre qui passe au cœur de l'Atlas n'est pas toujours en bon état; les pluies hivernales la rendent dangereuse et le printemps est tardif dans les montagnes. Le trajet en diligence dure quarante-huit heures, ce qui oblige à faire de nuit la moitié de la route ; les autres moyens de transport sont horriblement dispendieux.

Nous nous décidâmes à prendre la voie de mer. Nous faillîmes nous en repentir, car nous fûmes rudement secoués par une rafale du nord-ouest entre Bougie et Djidjelli. Le reste de la traversée fut assez paisible. Les bateaux de la compagnie Valéry qui font le service de la côte sont petits et roulent beaucoup ; il paraît cependant qu'ils sont solides, et leur aménagement n'est pas trop défectueux. On part d'Alger à midi. Le surlendemain on arrive, vers les cinq heures du matin, à Stora, qui est située en face de Philippeville, dans la même baie. La durée réelle de la navigation ne dépasse guère vingt-quatre heures. Les escales prennent quinze à dix-huit heures ; elles ont lieu à Dellys, à Bougie, à Djidjelli et à Collo.

A Dellys et à Bougie, nous eûmes un avant-goût des montagnes kabyles. A travers les nuages qui couvraient en partie l'arrière-plan, quelques pics parsemés de neige perçaient par moments ; au-dessous d'eux, on découvrait une chaîne teintée d'un violet sombre, puis des mamelons boisés, avec des clairières d'un vert tendre, des terrains rougeâtres, des pentes nuancées de lilas et, près de la grève, une végétation arborescente des plus gracieuses. Comme Fromentin, dans ses tableaux, a saisi et rendu l'aspect de cette contrée, surtout les côtés fins et délicats! Comme il en a pénétré le sens intime, comme il en a exprimé le charme! Quand on retrouve dans la nature ce qu'il a peint, le souvenir de l'œuvre d'art se mêle invinciblement à l'impression nouvelle qu'on reçoit de la réalité présente, et, loin de l'amortir, elle lui donne quelque chose de plus vif, de plus profond, je dirais presque de plus humain, car entre l'artiste et nous il s'établit alors une sorte de communion secrète d'une douceur infinie.

Djidjelli était autrefois un nid de pirates. Elle occupe une langue de terre basse au pied d'une haute falaise hérissée de fortifications. Des brisants formidables, formant une longue ligne éclairée par un phare, la défendent du côté de la mer. Elle cache ses maisons au milieu de la verdure. Nous la vîmes au soleil couchant. Derrière la ville, le ciel était rouge; la ville commençait elle-même à se couvrir d'ombre; au moment de notre départ, tout devint confus, sauf un grand palmier qui se détachait encore nettement à l'horizon.

A partir de Djidjelli, on se dirige en droite ligne vers le cap Boujaroun, qui marque la pointe la plus septentrionale de l'Algérie (37° 7'); on double le cap, puis on redescend au sud-est. On s'arrête à Collo pendant la nuit ; l'escale est courte. A l'aube du jour, on aperçoit l'île rocheuse de Strigina, l'on passe entre l'île, qu'on laisse à gauche, et la côte escarpée, qu'on longe à droite, et immédiatement après on entre dans le port de Stora. Bien que Stora n'offre pas un abri très-sûr, les gros navires y viennent jeter l'ancre, en attendant que le port de Philippeville soit achevé (1). On se rend à Philippeville en moins d'une demi-heure avec un canot. Si l'on a quelque loisir, mieux vaut débarquer à Stora, petit village peuplé d'un millier d'habitants, où se trouvent des citernes romaines très-curieuses; de là, une route longue de 5 kilomètres conduit à Philippeville; elle traverse d'abord un beau bois de chênes-liége et serpente ensuite le long de la baie, à une hauteur d'où l'on domine des jardins interrompus pas de petites criques et d'où le regard s'étend au loin sur le golfe.

Philippeville est une création française. Des inscriptions et des ruines attestent l'existence, à

(1) Une note de l'*Officiel* du 3 janvier 1874 annonce que le port de Philippeville est ouvert depuis peu de temps à la grande navigation.

l'endroit occupé par la ville actuelle, d'une colonie romaine appelée *Rusicada*, qui avait pris le nom et la place d'une colonie carthaginoise ; mais en 1838 l'ancienne cité avait disparu depuis longtemps ; il n'y avait plus qu'un pauvre village arabe entouré de marais. Le maréchal Vallée, qui avait besoin d'un centre de ravitaillement plus près de Constantine que Bône, acheta aux indigènes leurs gourbis ; ils les abandonnèrent moyennant une indemnité de 130 francs ; on établit un camp ; on le fortifia ; des magasins, des hôpitaux, furent construits ; des travaux de salubrité, exécutés aux environs, chassèrent les fièvres paludéennes ; peu à peu le camp devint une ville. La population civile, dès 1870, montait à 4000 habitants ; aujourd'hui elle dépasse le chiffre de 10 000, dont environ 5000 Français, un millier d'indigènes et plus de 4000 étrangers, principalement des Maltais. Une longue et large rue à arcades traverse la ville d'un bout à l'autre. Les terrains sont chers ; cette cherté résulte sans doute de l'accroissement de la population et aussi peut-être de la gêne causée par les fortifications. Malgré l'insuffisance du port, le mouvement maritime et commercial est considérable. Diverses industries, telles que fabriques de **bouchons** et de semelles de liége, tanneries, distilleries, se développent dans la banlieue.

Un chemin de fer relie Philippeville à Constantine. La distance est de 86 kilomètres, qu'on parcourt en quatre heures et demie, ce qui fait un peu plus de 19 kilomètres à l'heure. La vitesse est encore moindre que sur la ligne d'Oran, et cependant les stations, établies dans des localités peu importantes, ne retiennent pas longtemps le train. On suit d'abord la vallée de l'oued Safsaf, qui est bien cultivée, puis on s'engage dans la montagne. Le pays n'est pas séduisant. Il est sauvage sans grandeur. Très-chaud en été, très-froid en hiver, l'air y est âpre, même au printemps. La rudesse du sol répond à celle du climat. Il semble qu'on soit à cent lieues de la Méditerranée qu'on quitte à peine. On ne soupçonne pas à première vue les richesses que cette nature robuste recèle dans son sein. De grandes mauves roses, des trèfles pourpres, se montrent de temps en temps au bord du chemin, et une petite papilionacée aux feuilles fines, assez semblable à la réglisse pyrénéenne (*trifolium alpinum*), glace d'un lilas tendre les pentes les plus roides ; mais l'impression de tristesse persiste, et elle redouble à la fin du voyage par la fréquence des tunnels, qu'on passe dans des voitures non éclairées.

Constantine est bien la digne capitale du pays qui l'entoure. Elle en a la rudesse sauvage; elle a de plus une physionomie étrange, extraordinaire, prodigieusement originale et saisissante. Elle ne séduit pas, elle étonne. Elle occupe un plateau en forme de quadrilatère, dont les quatre côtés regardent les quatre points cardinaux. Ce plateau va en déclinant du nord au sud; à l'angle nord-est, où se trouve la Casbah, il atteint sa plus grande hauteur, qui est de 640 mètres; à l'angle sud-ouest, qu'on appelle la pointe de Sidi-Rached, il n'a plus que 530 mètres. Des rochers à pic l'isolent de toutes parts excepté à l'ouest, et encore, même de ce côté, il n'y a qu'une très petite portion de terrain qui ne soit pas abrupte; c'est là que la brèche fut ouverte au mois d'octobre 1837. Au sud et à l'est, creusant son lit à une profondeur effrayante, coule le Rummel, qui serre de près la base du plateau et l'enlace de ses replis; tantôt il bondit par-dessus les obstacles qu'il rencontre, tantôt il les contourne, tantôt il les use et les perce; d'autres fois il glisse dessous et s'enfonce dans de vastes cavernes pour reparaître au grand jour un peu plus loin.

La diagonale du quadrilatère, qui part de la pointe nord-est et finit à la pointe sud-ouest, est longue d'un kilomètre ; l'autre diagonale n'a que 700 mètres. Sur cet espace resserré s'entasse une population très-dense. La ville et la banlieue réunies présentent, d'après le recensement de 1872, un chiffre de 33 251 habitants, dont 17 759 Musulmans, 4503 Israélites, 8746 Français, 2243 étrangers. En 1860, les Musulmans étaient beaucoup plus nombreux ; il y en avait 29 000, le nombre des Européens, au contraire, s'est élevé de 6000 à 10 989. En déduisant les faubourgs sur lesquels déborde le trop-plein de la population, il reste à l'intérieur de l'enceinte près de 30 000 habitants, en chiffres ronds. La vivacité de l'air explique seule comment une pareille agglomération d'êtres humains peut vivre d'une manière suffisamment hygiénique. L'ancienne Cirta, la ville des Numides et des Romains, baptisée du nom de l'empereur Constantin en 313, était aussi très-peuplée, et les inscriptions tumulaires attestent la longévité de ses habitants ; elles mentionnent des vieillards de 90, 95, 115 et 120 ans.

Constantine n'est pas seulement, comme l'appellent les Arabes, une cité aérienne, mais aussi une cité souterraine. Ses défenses naturelles ont fait d'elle un refuge, un centre militaire, une capitale politique. Sa position au milieu d'une campagne fertile la désignait pour être une place commerciale de premier ordre. Ses caves nombreuses, commodes et fraîches, propres à conserver toute espèce de denrées, lui ont permis de jouer ce second rôle avec avantage. C'est à la fois une forteresse et un réservoir.

Il ne faut pas chercher ici le goût artistique. Un homme d'esprit, tenu par ses fonctions de bien connaître la province de Constantine, disait un jour devant moi que les Arabes d'Alger et d'Oran lui faisaient l'effet d'Arabes d'opéra. Le mot est juste, bien qu'il comporte beaucoup de réserves. Les résistances que nous avons rencontrées dans le Sahel, dans la Mitidja, dans la plaine du Chélif et sur les frontières marocaines, ont été assez vives et assez tenaces pour nous faire prendre au sérieux les indigènes de l'ouest; mais il est certain qu'il y a dans la vieille race numide et dans les tribus musulmanes qui l'ont conquise et dominée, une énergie plus saillante, sinon plus efficace, moins de poésie, moins de noblesse, une certaine brutalité de type et d'allure, une sorte de réalisme inconscient. Les palais et les mosquées de Constantine ne sont pas dépourvus d'intérêt; on y trouve bien des détails curieux, une ornementation souvent très-riche, des dispositions architecturales assez piquantes. Ce qui manque, c'est une œuvre d'un style pur, une œuvre exquise et achevée comme on en rencontre à Tlemcen. Les travaux industriels sont au contraire très-florissants. La préparation des cuirs et la fabrication des vêtements de laine occupent avec succès un grand nombre de bras.

Les Européens, depuis l'occupation française, se sont montrés encore moins artistes que les Arabes. Ils ont fait cependant bien des choses et des choses très-importantes pour la ville au point de vue matériel et intellectuel. Ils ont élargi les places publiques, parmi lesquelles on remarque la place de la Brèche, la place du Pont (en arabe el Kantara), la place Négrier, où notre palais de justice s'élève à côté de la mosquée Sidi Kettani, et la place dite aujourd'hui de la Liberté. Ils ont tracé des rues qui sont les grandes artères de la circulation intérieure, telles que la rue de France et la rue Nationale. Par leurs capitaux et leur activité, ils ont donné une impulsion nouvelle au commerce et à l'industrie. Ils ont recueilli dans un musée et mis en ordre les nombreuses antiquités trouvées sur les lieux ou aux environs. Enfin, ils ont élevé sur un sommet voisin, de l'autre côté du Rummel, un monument qui ressemble un peu à notre nouveau collége Chaptal : c'est le collége franco-arabe. On l'aperçoit sur la droite quand, au sortir de la gare, on passe le pont ; on le contemple avec respect, car il est le signe de la réconciliation future des races humaines et du triomphe de la civilisation par la science.

En attendant que la science préside aux destinées de l'humanité, que de désordres et de misères causés par l'ignorance, entretenus par la routine! Le procès des indigènes arabes ou kabyles, compromis dans l'insurrection de 1871, se jugeait, au printemps de 1873, devant la cour d'assises de Constantine. Il a mis en lumière bien des horreurs qui égalent, sans les surpasser, les atrocités commises au Mexique et quelquefois même en Algérie par les Français, en France par les Allemands, à Paris par la Commune et les troupes de Versailles. Il est impossible de résumer en quelques pages cet immense procès qui a duré plusieurs mois ; mais il s'en dégage des enseignements qui méritent d'être retenus.

Les deux mobiles de l'insurrection ont été la haine du régime civil et le fanatisme religieux. Ces deux mobiles ont agi sur les masses, à la longue, par l'intermédiaire de deux hommes en qui ils se sont pour ainsi dire personnifiés : El Mokrani et El Hadded. Le premier, d'origine noble, dans la force de l'âge, intelligent, actif, ambitieux, comblé d'honneurs par l'empire, criblé de dettes par suite de ses prodigalités, commandait avec le titre de bach-agha (1) les tribus de la Medjana, plateau fertile qui se trouve à l'ouest de Sétif, près des « Portes de Fer », à moitié route entre Constantine et Alger ; il avait son bordj (maison fortifiée) à trois lieues du bordj français de Bou-Arreridj. Le second, vieillard octogénaire, d'origine obscure, forgeron dans sa jeunesse, vivait comme un anachorète, dans un coin des montagnes de Kabylie; il jouissait d'une grande réputation de sainteté, passait pour faire des miracles et exerçait autour de lui une influence redoutable, car on vénérait en lui le chef suprême de l'ordre des khouans; or, les khouans professent, comme les jésuites, le principe de l'obéissance aveugle aux volontés de leur chef : « le chef, disent les statuts de l'ordre, est l'homme chéri de Dieu; sois entre ses mains comme un cadavre entre les mains du laveur des morts qui le tourne et le retourne à son gré » (2).

(1) Le bach-agha est le chef des aghas qui, eux-mêmes, sont les supérieurs des caïds, et ceux-ci des cheiks.
(2) Voyez le texte dans Hanoteau et Letourneux, *La Kabylie et les coutumes kabyles*, t. II, p. 98.

El Hadded et ses fidèles rêvaient naturellement la guerre sainte. Mokrani songeait à la révolte dès le mois de mars 1870. Le Corps législatif à cette époque avait voté un ordre du jour favorable à l'extension du régime civil. Le régime civil, c'était pour Mokrani l'abaissement et la ruine; il le détestait. Tant que l'empereur était debout, il pouvait hésiter; la catastrophe de Sedan, l'établissement de la république lui enlevaient tout espoir d'un retour de fortune; il ne lui restait qu'à tenter le rôle d'un nouvel Abd-el-Kader, en profitant de la crise que nous traversions. L'alliance de Mokrani avec El Hadded devait être, dans l'intérêt de la France, empêchée à tout prix. Non-seulement elle ne le fut pas; mais l'autorité militaire s'occupa de réconcilier les deux chefs avec leurs rivaux.

Chacun d'eux, en effet, avait un voisin hostile : pour Mokrani, c'était son propre cousin Abd-el-Sellem, caïd d'Aïn Tessera; pour le chef des khouans, c'était Ben-Ali-Chérif, caïd des Chellatas. Ce dernier avait son bordj sur la rive gauche de l'oued Sahel, à une vingtaine de lieues de Bougie, au pied du Djurjura. Grand seigneur comme Mokrani, comme lui il s'était frotté au contact de notre civilisation, mieux que lui il en avait compris les grands principes. Il était imbu d'idées libérales à ce point qu'il avait appuyé, à titre de conseiller général, la plupart des réformes réclamées par les colons. Entre El Hadded et lui il y avait un abîme, l'abîme qui sépare un fanatique d'un esprit émancipé. Pressentant le danger qui nous menaçait, il essaya en vain de l'écarter par des avis opportuns et des conseils; il fut malgré lui entraîné à son tour dans le courant insurrectionnel. A la fin de 1870 et dans les premiers jours de 1871 des conférences eurent lieu d'abord entre Mokrani et Abd-el-Sellem, puis entre Mokrani, Ben-Ali-Chérif et Aziz, le fils d'El Hadded. Ces conférences étaient autorisées, favorisées, ordonnées par un colonel et un général français.

Bien d'autres faits démontrent l'imprévoyance, la maladresse et l'inertie de l'autorité militaire. On alla jusqu'à refuser le secours de dix mille mobiles que le gouvernement de la Défense nationale mettait à la disposition de l'Algérie. Au moment de la lutte, les officiers et les soldats, appuyés par des colons énergiques, ont fait leur devoir ; quelques hommes, tels que le commandant du Cheyron, assiégé par les troupes de Mokrani dans le bordj de Bou-Arreridj, ont déployé une valeur à toute épreuve et une grande habileté ; mais les préliminaires de la lutte sont lamentables ; ils rappellent dans une certaine mesure, — et dans une mesure quelconque c'est trop encore, — l'attitude et la conduite de Bazaine à Metz. Voilà comment le procès des accusés à Constantine est devenu le procès des témoins. La condamnation des chefs arabes implique la condamnation des bureaux arabes. Qu'est-ce, en effet, que le bureau arabe ? C'est l'armée gouvernant. Or, l'armée est faite pour le combat, non pour le gouvernement. Elle est propre à détruire les résistances du dehors et du dedans, à réprimer les insurrections, non à les prévenir. Il n'est pas bon que des liens étroits et permanents s'établissent entre les chefs arabes et les chefs militaires français. Les uns et les autres sont intéressés au maintien d'un régime anormal, contraire au progrès de la colonisation. Sans être complices des mêmes actes, il arrive, par la force des choses, qu'ils se soutiennent mutuellement ; le régime civil mettrait à néant l'autorité des chefs arabes, et l'autorité des chefs arabes étant détruite, les bureaux arabes n'auraient plus aucune raison d'être.

Le procès des insurgés de 1871 remplissait la

ville de mouvement et de bruit. Au dehors on trouvait bien vite le calme et le silence, pour peu qu'on s'écartât des grandes routes. Les touristes n'abondent pas en Algérie. Quelques-uns s'y hasardent l'hiver. Le premier souffle du printemps les met en fuite. Les endroits les plus pittoresques, alors même qu'ils sont facilement accessibles, restent déserts. Au nombre des sites les plus curieux il faut mettre le djedel Ouach (1293 mètres de hauteur) où se trouvent les vastes bassins remplis d'eau pure qui alimentent Constantine ; pour y monter on se dirige au nord-est ; à mesure qu'on s'élève, on découvre le plateau de la ville, qui ressemble à l'aire d'un oiseau de proie ; des frènes, des saules pleureurs, des pins, de jeunes cèdres, des chênes verts et d'autres arbres encore, forment de beaux massifs autour des bassins ; des ruisseaux canalisés courent sur les flancs de la montagne et, sur les bords des ruisseaux, la *Scilla hemisphærica* montre, au bout d'une tige courte et trapue, ses lourdes touffes de fleurs bleuâtres pressées à leur base par une rangée de feuilles d'un vert foncé. Du côté de l'ouest, le Hamma, avec ses vergers ornés de quelques palmiers, et Salah Bey, avec sa kouba où reposent les restes du marabout Sidi Mohammed, ses bains et ses jardins qui faisaient jadis les délices du gouverneur musulman de la province; du côté du sud, près du confluent du Rummel et du Bou-Merzoug, la pépinière et les majestueuses arcades de l'ancien aqueduc romain motivent aussi d'agréables excursions ; mais ce qui mérite surtout d'être vu et revu, c'est le Rummel.

Une rivière qui change brusquement de niveau n'est pas une chose rare. Les chutes du Rummel, soit à la pointe du sud, à Sidi-Rached, soit à la pointe du nord, au pied de la Casbah, n'ont rien d'exceptionnel ni par leur élévation ni par le volume des eaux qui se précipitent; elles sont même sous ce rapport inférieures à la plupart des chutes célèbres. Le phénomène vraiment merveilleux consiste dans les voûtes naturelles sous lesquelles la rivière passe. Un pareil phénomène ne se présente pas souvent aux yeux du voyageur. Je ne crois pas que jusqu'ici on l'ait constaté, dans de semblables proportions, autre part qu'à Constantine. Ces voûtes sont au nombre de quatre. Un sentier qu'on prend au-dessous de la cascade du nord conduit à la seconde voûte, qui a 60 mètres de long. Les rochers, dans l'intervalle des voûtes, sont à pic et dominent le lit du torrent d'une hauteur de trente mètres. On se sent comme perdu dans ces profondeurs ; les fissures des énormes blocs suspendus sur votre tête sont effrayantes ; le bruit des oiseaux qui s'ébattent se mêle au murmure de l'eau ; des éclats de lumière inattendue succèdent à une obscurité presque complète ; puis l'obscurité recommence et s'épaissit.

En revenant sur ses pas on trouve à l'entrée de cette terrible gorge une série de pierres qui permettent de passer si le courant du Rummel n'est pas trop fort ; on monte pendant quelques minutes, au milieu des cactus, des grenadiers, des micocouliers et des caroubiers ; on se retourne de temps en temps pour voir la cascade, qu'on a bientôt dépassée ; peu à peu la jolie vallée où circule le Rummel devenu paisible se déroule sous les yeux, et l'on ne tarde pas à rencontrer, près d'un mamelon verdoyant, les bains de Sidi Mecid. Des sources tièdes fournissent l'eau de ces bains ; les piscines et les baignoires ont été taillées, non par la main des hommes, mais par la nature, dans un groupe de rocs rougeâtres tapissés d'adiantes ; l'une des piscines est d'une largeur peu commune ; on y peut nager à l'aise, en face d'un riant paysage qui contraste d'une manière délicieuse avec les scènes sombres et grandioses dont on est encore ému.

Plusieurs colonies alsaciennes ont été établies aux environs de Constantine. J'ai eu l'occasion d'en visiter une, celle de Rouffac, dans la tribu des Beniziad, en compagnie du préfet et de quelques autres fonctionnaires ou représentants de la province. Elle se trouve à l'ouest, à une distance de 22 kilomètres. Pour s'y rendre on suit d'abord la route de Constantine à Djidjelli par Milah; après avoir franchi 15 kilomètres, on tourne à gauche et l'on prend un chemin long de 7 kilomètres, construit récemment pour desservir le nouveau village, chemin carrossable quand il fait beau. Arrivés à peu près au tiers de la route, nous fûmes rejoints par une troupe de cavaliers arabes qui nous escorta jusqu'à Rouffac. Ces cavaliers faisaient partie d'un goum resté fidèle à la France pendant l'insurrection de 1871 (1). Ils étaient équipés et armés comme ils le sont en temps de guerre. Nous pûmes admirer à loisir leur attitude martiale, leur costume simple et noble, leurs chevaux

---

(1) Le *goum* est le contingent militaire d'une tribu ou d'une fraction de tribu; l'institution des goums a de grandes analogies avec nos anciennes milices féodales.

sellés et harnachés d'une manière pittoresque, petits et maigres, insignifiants au repos, si ce n'est pour l'œil d'un connaisseur, mais pleins de feu, aux allures vives, et infatigables dans les marches de longue haleine. Autour de nous s'étendaient de vastes champs dépourvus d'arbres et envahis par d'énormes chardons qui ressemblent à des artichauts. Ces chardons ont des parties tendres que les indigènes utilisent dans leur cuisine. Ils obstruent le sol avec une ténacité comparable à celle des palmiers nains dans la plaine du Chélif. Leur présence est l'indice d'une culture nulle ou médiocre; la culture européenne les fait disparaître, et alors les terres où ils poussaient donnent des récoltes superbes, car ce sont des terres excellentes.

Le premier aspect de Rouffac est sinistre. Des rochers à pic se dressent derrière le village au sud et à l'ouest. Ils forment les premières assises d'une chaîne de montagnes dont les sommets s'élèvent à plus de 1200 mètres. On n'aperçoit ni fermes, ni cours d'eau, ni végétation arborescente, ni champs cultivés, ni plantes en fleurs, rien de ce qui donne à un paysage l'animation ou la grâce. La solitude est complète et l'horizon fermé. Peu à peu cependant on s'habitue à ce site sauvage. La plaine est fertile et ne demande qu'à être travaillée pour produire ; au pied de la montagne jaillit une source ; au fond des ravins se cachent des jardins fruitiers entretenus par des Arabes ; du haut de certains rochers qui dominent la source, le regard embrasse un espace considérable ; une flore un peu trop discrète, mais d'autant plus intéressante peut-être pour les chercheurs, se montre çà et là dans les coins où ne sévit pas trop le vent du nord.

Le village, commencé en 1871, n'était pas encore achevé dans les premiers jours de mai 1873. Les colons ne sont arrivés qu'à la fin de 1872. Rien n'était prêt pour les recevoir, soit que les fonds votés par l'Assemblée nationale fussent insuffisants, soit que l'attention du gouvernement fût absorbée par d'autres objets. Ils ont couché d'abord sous la tente, puis on leur a bâti des abris provisoires couverts de *diss*, sorte de chaume qui préserve assez bien du soleil, mais que la pluie transperce. Les habitations définitives n'étaient pas faites à l'époque de notre visite. Cependant un grand progrès avait été réalisé : les colons, ne travaillant plus à la route, avaient pu s'occuper sérieusement d'améliorer leur intérieur et de cultiver leurs terres ; pour suppléer à leur inexpérience on avait dû leur donner des moniteurs agricoles; on leur avait fourni des vêtements, des charrues, des semences, prêté des bœufs; ils comptaient sur une récolte prochaine; leurs jardins potagers commençaient à produire; un médecin, avec traitement fixe, résidait auprès d'eux; une école était ouverte pour leurs enfants; après avoir beaucoup souffert, après avoir eu bien des moments de défaillance, ils reprenaient courage et se relevaient tant au physique qu'au moral.

Soixante-six familles, dont quarante-cinq d'Alsace-Lorraine et quelques groupes de célibataires, sont installés à Rouffac. Chaque famille dispose d'une petite maison, d'un jardin, d'un lot de terre de 10 hectares situé près du village et d'un autre lot de 30 hectares dans les environs. Le lot le plus éloigné est provisoirement loué aux Arabes. Le droit du colon est cessible après deux ans de résidence; mais il reste soumis à la condition d'une exploitation ininterrompue; au bout de neuf ans, la propriété pleine et entière de la maison et des terres alloties est acquise d'une manière définitive. Le rapport de M. Guynemer, délégué de la Société de protection des Alsaciens-Lorrains demeurés français, établit que la création d'une colonie coûte environ 6 à 7000 fr. par famille. Du 1ᵉʳ janvier 1872 au 31 mai

1873, trente-cinq centres agricoles ont été créés en Algérie, dont quinze dans la province d'Oran et quatorze dans la province de Constantine. Ces centres comprennent une population totale de 8431 personnes formant 1760 familles. Parmi les colons, le nombre des Alsaciens-Lorrains est de 3162 ; on a cru devoir leur adjoindre 954 personnes provenant d'autres parties de la France et 4315 Algériens qui sollicitaient des concessions gratuites. L'adjonction des colons autres que les Alsaciens-Lorrains, très-critiquable à d'autres points de vue, n'augmente pas dans de bien grandes proportions la dépense causée par l'établissement des nouveaux villages. Le gros de la dépense doit donc être calculé d'après le nombre des familles d'Alsace-Lorraine ; on peut l'évaluer à une somme ronde de quatre millions. L'Assemblée nationale a voté, pour cet objet, 1,200 000 francs en 1871 et 800 000 en 1873, en tout deux millions. Le déficit a été couvert en partie par l'initiative privée ; il est permis d'espérer qu'il le sera complétement par le zèle des comités patriotiques constitués en Algérie et en France. Ni les particuliers, ni l'État n'auront, je le crois, à regretter les sacrifices qu'ils auront faits. Un devoir impérieux les imposait; ils porteront leurs fruits dans l'avenir.

Les colonies fondées en 1872 sous la troisième république ont pour gage de leur prospérité future l'expérience des colonies fondées en 1848 ; les éléments de succès sont aujourd'hui plus grands et les risques infiniment moindres qu'ils ne l'étaient il y a un quart de siècle.

Le goum qui nous avait escortés nous donna, avant de quitter Rouffac, le spectacle d'une fantasia arabe. J'avais eu jadis un spectacle semblable sous les yeux dans le désert qui précède les ruines de Palmyre : chevaux ardents lancés à fond de train, cavaliers debout sur leurs larges étriers, burnous flottant au vent, coups de fusil tirés au galop, départs soudains, brusques arrêts, mêlée générale, je retrouvais tout cela dans mes souvenirs ; mais combien le cadre du tableau était différent! A Palmyre j'avais autour de moi les restes d'une civilisation morte, un sol stérile, des bandes nomades et barbares. A Rouffac je me trouvais en présence des œuvres à peine ébauchées d'une civilisation naissante, au milieu de braves compatriotes d'autant plus aimés que nous avions failli les perdre ; la fantasia n'était qu'un épisode, une apparition fugitive sur une terre vouée désormais à l'activité féconde des travailleurs.

XI

BATNA.

Route de Constantine à Batna. — Le Medracen. — La ville de Batna. — Lambèse. — Le pénitencier. — Les ruines romaines. — Le *prætorium*. — La statue d'Esculape. — Les mosaïques. — Les briques de la 3e légion. — Les forêts en Algérie. — Essences dominantes dans chaque province. — Chemin de Batna aux baraques des bûcherons. — Les cèdres de Belezma.

Des trois grandes villes qui sont les capitales de nos provinces algériennes, Constantine est la plus froide au printemps, mais c'est aussi la plus voisine de la région chaude qui, sous le nom de Sahara, s'étend au sud par delà les montagnes de l'Atlas. Quarante-cinq lieues seulement la séparent de cette région et l'on peu facilement les franchir en moins de deux jours. Treize heures de diligence suffisent pour se rendre à Batna, qui est aux deux tiers de la route. On part à six heures du soir et l'on arrive le lendemain matin à sept heures. Là il faut prendre une autre voiture qui ne correspond pas avec la première, d'où résulte un temps d'arrêt de 21 heures. Le jour suivant on se trouve dans les oasis des Ziban.

La route de Constantine à Batna est bonne, trop bonne même pour les touristes, car les diligences en profitent pour faire la plus grande partie du trajet la nuit. Les voitures particulières sont rares; les plus simples ne coûtent pas moins d'un franc par kilomètre. A mesure qu'on s'avance vers le sud, les traces de la colonisation européenne s'effacent. On rencontre peu de villages de quelque importance : de loin en loin se montrent des hameaux, des maisons isolées pour les relais; les campements arabes, au contraire, sont nombreux; leurs feux allumés brillent au milieu des ténèbres, et à l'aube du jour commence le défilé des caravanes avec leurs mulets, leurs ânes, leurs chevaux, leurs chameaux et leurs chamelles suivies de leurs petits qui trottinent à leurs côtés. Le pays est parsemé de ruines romaines. Près d'Aïn Yacouts (la fontaine du diamant brut) à 50 kilomètres de Batna, se trouve un monument numide d'une très-haute importance. On l'appelle le Medracen. Je le visitai au retour, le 27 avril, par un temps pluvieux et gris. Il ressemble pour la forme au Kbour er Roumia du Sahel; seulement il est un peu moins haut et les chapiteaux des colonnes engagées dans le mur qui supporte les gradins sont d'ordre dorique. Tout porte à croire qu'il a été élevé par Micipsa, le fils de Massinissa, dans la seconde moitié du second siècle avant l'ère chrétienne. Les fouilles à l'intérieur ne sont pas encore achevées; un détachement du génie, campé sur les lieux, est chargé de les conduire à bonne fin. Du haut de la plate-forme supérieure, on aperçoit les sommets du djebel Bou Aril au sud, et à l'est un petit lac salé sur les bords duquel se plaisent les flamants roses.

La fondation de Batna date de 1844. C'était d'abord un camp. Le camp devint une ville à partir de 1848, et la ville devint une commune à partir de 1860. Elle eut en 1866 son conseil municipal élu. Sa population monte à 2383 habitants, non compris les troupes qui sont nombreuses; les Européens figurent dans ce chiffre pour les quatre cinquièmes. Elle est située à l'extrême limite du Tell, sur un plateau dont l'altitude est de 1021 mètres. L'air y est sec et subtil comme à Madrid. Ses rues sont larges, droites et propres. Ses maisons n'ont qu'un rez-de-chaussée ou un étage. Un mur d'enceinte la protége. En 1871, elle a résisté avec succès aux attaques des tribus rebelles. Elle n'a par elle-même rien de très-intéressant, mais elle est le point de départ de deux des plus belles excursions qui se puissent faire en Algérie. Je veux parler des ruines de Lambèse et des cèdres de Belezma.

En se dirigeant vers le sud-est, on longe le versant oriental du djebel Iche-Ali qui s'avance comme un promontoire au milieu du plateau; on a devant soi le djebel Djerbou Akel, première assise du massif de l'Aurès contre laquelle il semble qu'on va se heurter; après avoir parcouru une dizaine de kilomètres, on découvre disséminées, sur un sol montueux et rocailleux que des canaux d'irrigation entrecoupent çà et là, des pierres tumulaires, des colonnes, des arcades, des portes triomphales, tantôt debout, tantôt écroulées; un peu plus loin un affreux édifice, parfaitement intact celui-là, vous barre le chemin, et par derrière se montre un village de six à sept cents habitants. L'édifice moderne qui s'élève entre les ruines et le village est un pénitencier. Il ne renferme plus de détenus politiques, mais des condamnés pour crimes ou délits de droit commun. C'est là qu'ont souffert pendant plusieurs années quelques-unes des victimes du coup d'État de décembre, coupables d'avoir défendu la constitution républicaine contre une bande d'aventuriers sans scrupule, qui, après avoir bouleversé et opprimé la France, devaient la conduire à la catastrophe de Sedan. Leurs souffrances n'ont pas été vaines, car aujourd'hui, sur cette terre où le despotisme impérial les déporta, il y a bien peu de Français qui ne soient dévoués à la cause démocratique.

Les ruines couvrent un espace d'environ 470 hectares. La principale est le *prætorium*, vaste et haute salle où le gouverneur romain rendait la justice. Les murs sont formés d'une pierre d'un jaune rougeâtre qui rappelle le travertin du Colysée. Ils s'ouvrent sur les côtés par des arcades en plein cintre et sont ornés de colonnes d'ordre dorique, à demi saillantes, très-allongées. A l'intérieur on a recueilli une foule d'objets curieux parmi lesquels une statue d'Esculape presque intacte (il ne lui manque que le bras droit et le bout du nez), qui ne déparerait pas le musée du Louvre. Une inscription porte le nom de Lambèse (*Genio Lambæsis*); quelques débris de l'art chrétien primitif, marqués de l'agneau pascal, se mêlent aux antiquités romaines. Près du *prætorium*, sous un hangar, se trouvent deux mosaïques d'un grand prix : l'une représente l'Eurotas, Léda et le Cygne; elle est assez bien conservée, cependant la

Léda commence à s'abîmer; l'autre, beaucoup plus grande, a pour sujet les quatre Saisons; l'Hiver et le Printemps sont perdus, l'Été et l'Automne subsistent, ainsi que la figure du milieu, Pomone; mais il est à craindre qu'on ne puisse les admirer longtemps si on ne les place pas dans un endroit plus convenable; chaque année, pendant trois ou quatre mois, la gelée et l'humidité les dégradent. Non loin de là, une troisième mosaïque a été réenfouie par mesure conservatrice, comme celle de Sanctus Reparatus à Orléansville. Les vestiges du temple d'Esculape, des portes d'entrée, du théâtre, de l'amphithéâtre, des thermes et du tombeau de Q. Flavius Maximus, méritent d'être visités. Les tas de briques même ne sont pas à dédaigner; on y ramasse des fragments qui portent pour la plupart l'empreinte de la troisième légion : *Legio tertia Augusta.*

A cinq kilomètres au nord-est de Batna, juste à l'opposé de Lambèse, sur les bords du djebel Chelata, commence une vaste forêt de cèdres qui se prolonge de l'autre côté de la montagne dans une région peu explorée qu'on appelle Belezma. Les forêts ne sont pas aussi rares qu'on se l'imagine en Algérie, bien que les Arabes, peuple essentiellement pasteur, prennent plaisir à les détruire pour les transformer en pâturages. Un rapport officiel, fait en 1866, constate qu'elles couvrent dans les trois provinces 1 444 076 hectares (1). La province de Constantine en possède à elle seule plus de la moitié : 945 118, tandis que la province d'Alger en a seulement 254 394 et celle d'Oran 244 564. Les essences dominantes sont le chêne vert (526 205 hectares), le chêne liége (322 762), d'autres espèces de chênes (140 892), le pin (201 200), le lentisque (89 078), le cèdre (76 320), le thuya (53 887), l'olivier sauvage (30 234), l'orme et le frêne (3498). Les chênes se rencontrent dans les trois provinces, mais ils abondent surtout dans la province de Constantine. Les cèdres manquent dans la province d'Oran, qui possède 42 615 hectares de thuyas, et les thuyas dans la province de Constantine, qui possède 72 400 hectares de cèdres. La province d'Alger, réunissant les deux essences, rapproche les extrêmes; elle a 3 920 hectares de cèdres et 11 272 de thuyas.

Il faut plus de deux heures pour gagner les

---

(1) Un relevé fait en 1872 donne le chiffre de 2,084,379 hectares ; mais ce chiffre paraît exagéré (voyez la *Géographie de l'Algérie* par M. Achille Fillias, p. 45).

premières baraques des bûcherons. Après avoir dépassé les jardins fruitiers qui sont aux portes de la ville, on suit à travers la plaine une route à peine tracée; puis on prend, le long d'un cours d'eau tout à fait alpestre, un chemin de montagne assez rude, profondément raviné, fréquemment envahi par les sources. De robustes chênes verts poussent sur les bords du torrent; ils précèdent les cèdres et se mêlent à eux jusqu'à une certaine hauteur. Dans la plaine nous revîmes avec plaisir la tulipe jaune et rosée (*Tulipa celsiana*), que nous avions cueillie vingt jours plus tôt aux environs de Sidi Bel Abbès. Sur les pentes à demi boisées poussaient des liliacées d'une délicatesse extraordinaire, avec une tige presque capillaire, des chrysantèmes africains (*Anacyclus pyrethrum*) pourvus de très-petites feuilles, couronnés d'un assemblage de fleurons jaune d'or qu'entoure un cercle blanc doublé de grenat, des genêts épineux à fleurs d'un violet pâle, et bien d'autres plantes encore curieuses par leur couleur ou leur forme, devant lesquelles nous passions trop rapidement pour pouvoir les déterminer.

A partir des baraques des bûcherons, on monte à pied comme on peut; il n'y a ni chemin, ni sentier; les ravins qui indiquent à peu près la direction sont souvent obstrués par les troncs et les branches des arbres abattus; d'énormes rochers d'un rose violacé succèdent à des terrains friables; les pieds glissent sur les aiguilles qui jonchent le sol, ou s'embarrassent dans les racines gigantesques qui serpentent de toutes parts; mais la beauté des colosses qui vous abritent sous leur dôme donne du courage; quelques-uns ont jusqu'à cinq à six mètres de circonférence; leurs branches horizontales ont une telle extension qu'on croit avoir fait une partie notable de la montée quand on a franchi l'espace qu'un seul d'entre eux couvre de son ombre; d'autres, frappés par la foudre ou consumés par l'âge, blanchissent au lieu de verdir, et cependant ils restent encore debout avec leurs longs bras décharnés; des milliers de pommes résineuses gisent à terre; des germes en sortent et montrent leur petite plumule dont les brins déliés se réunissent en un faisceau renflé au milieu avec une grâce charmante, je dirais presque enfantine. Parvenu au sommet le plus proche, après deux heures d'ascension, on reprend bien vite haleine et l'on jouit d'un spectacle vraiment délicieux. Du côté du sud s'élèvent les montagnes de l'Aurès avec leurs crevasses remplies de neige; dans un recoin on entrevoit Lambèse; on distingue nettement la ville de Batna; le plateau qui la porte se resserre en une vallée pierreuse qui touche à la région saharienne. Du côté du nord, à droite, à gauche et en face apparaissent des pics ou des mamelons semblables à celui qu'on vient de gravir. Rien ne peut donner l'idée de ce vert profond, velouté, nuancé de bleu, s'étendant sur toutes les pentes, garnissant les ravins, adoucissant les arêtes trop vives; l'œil s'y plonge comme en un bain qui repose et rafraîchit. Du sein des massifs quelques arbres, plus grands ou mieux situés que les autres, se détachent et attirent particulièrement les regards. Les cèdres vus d'en haut ont une incomparable majesté: l'amplitude de leurs formes saisit davantage parce qu'on l'embrasse d'une manière plus complète, et ils prennent en même temps quelque chose d'aérien qui étonne. Un tronc unique porte souvent deux ou trois étages de verdure qui se superposent à une distance de plusieurs mètres; une flèche hardie marque le point culminant; une sorte de rhythme intérieur semble régler la croissance de l'arbre qui d'abord monte, puis s'étend, puis monte de nouveau et s'étend une seconde fois avant de reprendre son mouvement ascensionnel suivi d'une troisième expansion et d'un dernier jet vertical.

XII

EL KANTARA.

La diligence de Batna à Biskra. — Limites du Tell et du Sahara. — Étendue de ces deux régions. — Aïn Touta. — Le désert de pierres. — Le défilé d'El Kantara. — Le village français. — Le pont romain. — La sortie du défilé. — Un monde nouveau. — L'oasis d'El Kantara. — Dernières ramifications de l'Aurès. — El Outaïa. — L'*eleagnus orientalis*. — Le col de Sfa. — Vue du grand désert.

De Batna à Biskra, qui se trouve à l'entrée du grand désert, la distance est de 114 kilomètres. Une diligence, petite et solide, franchit cette distance en quatorze heures. L'état de la route, heureusement pour les touristes, ne permet pas de faire le trajet de nuit. A vrai dire, il n'y a que des tronçons de route construits aux endroits les plus difficiles. Le plus souvent on suit, sur un sol accidenté et raboteux, la trace des caravanes. On ne rencontre qu'un seul pont. On passe à gué les cours d'eau, qui ne sont pas bien profonds, mais dont le lit est vaste et encombré de cailloux. Les chevaux arabes, non moins remarquables pour le trait que pour la selle, surmontent tous les obstacles; aux passages scabreux, quand il s'agit de donner un bon coup de collier, loin d'alourdir leur marche, ils s'enlèvent au galop et courent jusqu'à ce qu'ils aient trouvé un point d'appui meilleur.

A 10 kilomètres de Batna, les eaux commencent à changer de direction. Elles descendent de la montagne des Cèdres sur la droite ou du djebel Iche Ali sur la gauche et coulent vers le sud. Si elles ne se perdaient pas plus loin dans les sables, elles feraient partie du bassin du Niger qu'elles atteindraient en droite ligne près de Tombouctou, après avoir parcouru un espace de plus de cinq cents lieues. La ligne de partage des eaux correspond ici à la ligne séparative du Tell et du Sahara.

On sait qu'on entend par *Tell* en Algérie la région où la terre produit des céréales sans irrigation, et par *Sahara* la région où les pluies du ciel sont insuffisantes pour la culture des céréales. Le Tell occupe les bords de la Méditerranée, le versant septentrional de l'Atlas et une partie des hauts plateaux. Le Sahara s'étend à partir des hauts plateaux sur le versant méridional de l'Atlas, et de là jusqu'aux environs de Tombouctou. Notre domination comprend le Tell tout entier. Dans le Sahara, elle ne dépasse pas la latitude de Ouargla, c'est-à-dire le trente-deuxième degré. L'hiver dernier, une colonne militaire a fait une pointe sur El Goléah, un peu au-dessous du trentième degré; mais elle n'y a laissé aucun établissement fixe. La ligne qui sépare le Tell du Sahara ne peut pas être déterminée d'une manière rigoureuse. On admet généralement qu'elle part du djebel Sidi Labed, sur la frontière marocaine, à vingt lieues de Tlemcen, passe un peu au-dessous de Daïa, de Saïda et de Frenda, coupe le Chélif au tiers de son cours, suit au nord les rives du lac salé d'El Hodna, touche la montagne des Cèdres, contourne le territoire de Batna et de Lambèse, longe le massif de l'Aurès et va finir sur la frontière tunisienne, à quelques kilomètres au sud de Tebessa. La profondeur du Tell atteint son maximum, qui est de 180 kilomètres, dans la province de Constantine, entre les forêts de l'Edough, près de Bône, et la chaîne de l'Aurès, sous le cinquième degré de longitude à l'est du méridien de Paris. Entre Koléah et le confluent de l'oued Méla avec le Chelif, elle n'est plus que de 100 kilomètres; c'est son *minimum*. La moyenne est de 150 kilomètres environ, et, comme l'étendue de l'ouest à l'est est à peu près de 960 kilomètres, la superficie totale du Tell peut être évaluée à

14 400 000 hectares. La superficie du Sahara algérien est beaucoup plus grande, elle dépasse 28 millions d'hectares. Le Tell et le Sahara réunis équivalent aux quatre cinquièmes de la France dont le territoire actuel contient 52 857 675 hectares.

Ce qui frappe tout d'abord quand on quitte la région du Tell, c'est que l'orge remplace le blé, et l'orge elle-même devient rare ou disparaît à mesure qu'on avance. On trouve encore quelques bonnes terres jusqu'au caravansérail d'Aïn Touta, où l'on a essayé imprudemment d'établir une colonie alsacienne. A partir d'Aïn Touta, on entre dans un véritable désert de pierres, une sorte d'Arabie Pétrée d'une aridité désolante; des efflorescences salines blanchissent çà et là le sol; des ossements, quelquefois épars, quelquefois entassés, se montrent à peu de distance de la route; parmi eux, on remarque d'énormes colonnes vertébrales; des aigles et d'autres oiseaux de proie planent dans les airs. La route est fréquentée, bien qu'elle traverse une solitude : de temps en temps on rencontre des caravanes, des chameaux portant des marchandises, conduits par des indigènes à pied, d'autres chargés de femmes voilées et d'enfants, escortés par des chefs revêtus de leur burnous rouge.

Notre voiture se croisa avec un char à bancs faisant en sens inverse le service du courrier; entre les jambes des voyageurs, deux petites gazelles vivantes laissaient voir leurs jolies têtes surmontées de cornes fines et noires.

Cinq ou six heures après le départ de Batna, on arrive au caravansérail des tamarins. Un peu au delà, les eaux qui descendent de la montagne des Cèdres se réunissent à celles qui viennent de l'Aurès et forment par leur jonction l'oued El Kantara (1). La vallée pierreuse se resserre de plus en plus. Bientôt on s'engage dans un défilé sinueux d'où il semble qu'on ne pourra plus sortir. Le défilé s'élargit un instant, puis se referme. A l'endroit le moins rétréci, profitant du peu d'espace qui reste libre, une colonie française s'est installée. On s'arrête au milieu d'un groupe de maisons basses, gentilles et propres qu'entourent des arbres à fruits et des cultures potagères. Quelques palmiers, qui ne s'élèvent pas encore bien haut, ornent ce petit coin verdoyant. Pour se réconforter et au besoin pour passer la nuit, les voyageurs trouvent là une bonne auberge, tenue par une vaillante femme qui, selon l'expression d'un chroniqueur spiri-

(1) El Kantara en arabe signifie pont.

tuel, a battu l'armée française : en effet, elle a créé et conservé son établissement malgré les défenses de l'autorité militaire; le succès a justifié son audace, elle a prospéré en dépit de tout et aujourd'hui son droit est consacré par les services qu'elle rend.

A l'extrémité du village, il y a une issue, une seule, une fissure produite par l'action des eaux dans les flancs du djebel Gaouss. Les Arabes l'appellent la bouche du Sahara (*foum es Sahara*). Des deux côtés du torrent se dresse une haute muraille de rochers jaunes qui surplombent, se crevassent et semblent prêts à s'écrouler. Au bout de quelques minutes, le chemin sur la rive droite cesse d'être praticable. Un vieux pont romain, à une seule arche, réparé naguère, se présente. Du haut du pont, on aperçoit tout à coup des panaches de palmes. On poursuit la route sur la rive gauche; la gorge s'entr'ouvre, les montagnes s'écartent et décrivent un cercle au centre duquel apparaît l'oasis d'El Kantara avec ses milliers de palmiers-dattiers. Cette apparition splendide fait l'effet d'un coup de théâtre. C'est un changement à vue admirablement réussi. On se sent tout à la fois ravi et troublé, tant la réalité ressemble à une fiction. On éprouve une émotion du même genre quand on descend des Alpes dans les vallées lombardes ou de la Sierra Morena dans les plaines de l'Andalousie; mais le changement ici est plus soudain, plus profond et plus complet. Un monde nouveau se révèle en un clin d'œil : ce n'est plus cette portion de l'Afrique qui reproduit avec un redoublement d'énergie les traits essentiels de l'Europe méridionale; c'est l'Afrique vraie qui se dévoile dans toute son originalité, la première zone de l'Afrique centrale, voisine de la zone torride, limitrophe des royaumes nègres, le pays des violents contrastes, le pays des sables stériles et des oasis, des libres parcours et des jardins fortifiés, des nomades pasteurs, convoyeurs ou pirates du désert et des Ksouriens immobilisés dans leurs villages, le pays des chasses à l'autruche et des caravanes, le pays des dattes qui servent de pain, le pays des eaux rares et saumâtres, le pays de la soif (*Bled el ateuch*).

L'oasis d'El Kantara est assez étroite, mais elle a une longueur de 5 kilomètres. Elle renferme une population fixe de près de deux mille habitants. Les types annoncent la prédominance de l'élément berbère. Les femmes ne recherchent pas, comme les femmes arabes, pour leurs costumes, le blanc ou les couleurs pâles; elles se vêtissent, au contraire, d'étoffes brillantes d'un bleu vif ou d'un rouge de pourpre, et ne craignent pas les regards curieux des voyageurs. Les maisons ne sont pas blanchies à la chaux; l'argile dont elles sont faites garde sa nuance jaunâtre. On est un peu surpris de ne pas voir d'orangers. Les arbres à fruit qu'on cultive de préférence après les dattiers sont les abricotiers. Les abricots jouent dans la cuisine saharienne un rôle analogue à celui des tomates chez nous. A une certaine distance, on ne voit que les palmiers qui abritent tout de leurs longues feuilles dentelées quand ils sont jeunes, et quand ils sont vieux s'élancent à une hauteur où ils règnent sans partage. Si l'on se retourne avant de quitter l'oasis, la forêt, vue en raccourci, produit une impression saisissante; épaisse et touffue, elle se presse à l'entrée de la gorge; quelques troncs s'en détachent et parsèment d'étoiles vertes les flancs de la montagne. Au-dessus de ces colonnes végétales, s'élèvent en pleine lumière deux énormes masses de rochers; elles forment en se séparant l'une de l'autre une sorte de V gigantesque entre les branches duquel on aperçoit, à l'arrière-plan, une troisième montagne; celle-ci, sombre d'aspect, compacte, sans aucune fissure apparente, s'étend sur une ligne ininterrompue de gauche à droite et barre absolument l'horizon.

El Kantara est encore à 517 mètres au-dessus du niveau de la Méditerranée; Biskra n'est plus qu'à 124 mètres. La pente est loin d'être uniforme et la descente est parfois assez brusque. On est sorti désormais de la région des hautes montagnes, mais il reste à franchir quelques petites ramifications de l'Aurès. A mesure qu'on descend, les caractères de la région saharienne s'accusent davantage : les montagnes qu'on laisse derrière soi se revêtent de nuances rosées; les monticules les plus proches prennent des formes bizarres; quelques-uns, isolés, rappellent les pyramides d'Égypte; d'autres, rangés côte à côte, ressemblent à des tentes construites pour des géants : les cailloux des grèves sèches simulent de loin par leur couleur glauque et leurs reflets miroitants l'eau d'un lac ou d'une rivière; les efflorescences de sel ou de salpêtre se multiplient; les plantes sauvages qui poussent çà et là semblent elles-mêmes imprégnées de sel; le terrain gypseux poudroie et sonne sous les pieds des chevaux; les ossements des bêtes abandonnées par les caravanes attirent fréquemment l'attention et causent une certaine inquiétude; les oiseaux de proie abondent; de grands vautours blancs et noirs perchent sur les talus à deux pas de la route; surpris par le passage de la voiture au galop, ils ne bougent pas, à moins que le coup de fouet du cocher ne les atteigne, et alors ils prennent leur vol lourdement.

De loin en loin on traverse quelques petites oasis. La principale est celle d'El Outaïa. On y voit, outre les palmiers, de belles cultures de coton et des champs de céréales. Quand nous y passâmes (le 22 avril) on faisait la moisson : nous avions laissé le matin l'orge en herbe sur les hauts plateaux, nous la retrouvions ici mûre et bonne pour la faucille. Une haie d'*Eleagnus orientalis* embaumait l'air de ses parfums. L'*Eleagnus orientalis* est un gracieux arbuste, à peu près de la taille de nos lilas; le bois de ses branches est d'un grenat foncé, lisse et luisant; ses feuilles sont d'un vert gris en dessus, argentées en dessous et parsemées d'une multitude de pores très-visibles; les pétioles des fleurs sont d'un vert tendre avec quelques glacis d'argent; les fleurs elles-mêmes sont tubulaires, d'un jaune orangé à l'intérieur, d'un blanc verdâtre au dehors.

A peu de distance d'El Outaïa, on rencontre le dernier rameau de l'Aurès, qu'on passe au col de Sfa. Du haut du col, l'œil embrasse un horizon immense. La surface qui s'étend au sud paraît si vaste, si unie, elle se confond si bien avec le ciel, dans le lointain, qu'elle vous donne d'abord l'impression de la mer ; mais la couleur fauve qui domine, l'immobilité absolue qui règne partout, dissipent bien vite cette première impression ; peu à peu on distingue une ligne d'un vert sombre qui coupe la plaine en deux, puis au delà de cette ligne quelques petits points noirs qui vont se perdre à l'extrême limite du rayon visuel dans le vague de l'espace ; la ligne verte, c'est la ligne des oasis de Biskra, les points noirs représentent d'autres oasis plus éloignées, la surface fauve d'où ils émergent est celle du grand désert.

XIII

BISKRA.

L'arrivée. — L'hôtel. — Le climat. — Le village français. — Le village nègre. — Le village arabe. — Intérieur de l'oasis. — La vieille mosquée. — Le parc de M. Landon. — L'oued Biskra. — L'Aurès et l'oasis au coucher du soleil. — Aïn Hamman, Zaatcha, Drohen, Sidi Okba. — La flore saharienne au printemps. — Le drinn, le voile de la négresse, la rose de Jéricho, les buissons de *limoniastrum*. — Dromadaires et chameaux.

Une heure après avoir franchi le col de Sfa, on arrive au village français qui s'est groupé autour du fort Saint-Germain, au nord de l'ancienne capitale des Ziban (1). Ce village est charmant, surtout du côté par où on l'aborde en venant de Constantine : les maisons disparaissent au milieu des bosquets de palmiers; des lauriers roses et blancs qui fleurissent dès le mois d'avril, c'est-à-dire deux ou trois semaines plus tôt que dans le Tell, d'énormes ricins hérissés de capsules

(1) *Ziban* en arabe est le pluriel de *zab* qui veut dire village; le mot *ksar* (au pluriel *ksour*) a le même sens, mais il s'applique à tous les villages du Sahara, tandis que le mot *zab* est propre à la partie du Sahara la plus rapprochée de l'Aurès.

d'un rouge vermillon, des arbustes, dont le nom m'échappe, couverts de grappes purpurines ou orangées donnent un air de fête à cette petite colonie qui ne comprend encore que trois cents Européens. Un hôtel, très-apprécié des Anglais dans la saison hivernale, assure aux touristes un certain bien-être : les chambres sont toutes au rez-de-chaussée, de plain-pied avec le jardin; petites, sombres et ne renfermant rien de superflu, elles ressemblent un peu à des cellules de moines, mais ce sont des cellules commodes, propres et fraîches; leur austérité répond aux exigences du climat.

Dans la saison d'été la température à l'ombre est de 35 à 40 degrés; elle s'élève souvent à 45 degrés et quelquefois à 50. Au printemps la température à l'ombre n'a rien d'excessif; nous pûmes constater du 22 au 25 avril que le thermomètre ne dépassa pas 25 degrés ; il est vrai que dans la nuit, malgré des pluies abondantes, il se maintenait entre 22 et 23 degrés. Pendant l'hiver, la moyenne diurne est de 15 à 20 degrés; la nuit amène un refroidissement considérable, parfois même un peu de gelée. En toute saison l'ardeur du soleil se fait vivement sentir et nécessite de grandes précautions. Biskra est située, comme Tlemcen, un peu au-dessous du 35e degré de latitude (34° 57′); mais pour trouver un climat analogue dans la province d'Oran, il faudrait descendre beaucoup plus au sud. Tlemcen est sur le versant septentrional de l'Atlas, à une hauteur de 800 mètres ; Biskra, au bas de la grande chaîne qui forme l'épine dorsale de l'Algérie, est protégée contre les vents du nord par le massif de l'Aurès, exposée au souffle direct des vents du midi.

Biskra comprend trois centres de population qui restent distincts, quoique unis par des relations très-intimes : le village français, le village nègre et le village arabe. Le village français est de création récente. Il possède déjà les éléments essentiels d'une petite ville : une église, une justice de paix, des écoles, un bureau de poste, une station télégraphique, un service de diligence, un marché couvert où les indigènes viennent avec empressement, soit pour acheter, soit pour vendre, sans compter les casernes, l'hôpital et les magasins militaires. C'est le siége des affaires commerciales. Quelques industriels européens y ont établi des briqueteries, des tuileries et des fours à chaux. Le village nègre touche le village français. On y voit des types d'hommes et de femmes superbes dans leur genre. Les hommes ont l'air d'athlètes ; les femmes, majestueuses de forme, d'attitude et de démarche, portent avec fierté des costumes d'une couleur voyante qui sembleraient écrasants pour d'autres qu'elles. Doués par la nature d'une constitution robuste appropriée au climat sous lequel ils vivent, affranchis de toute servitude par nos lois, ces nègres se sentent à l'aise, ils sont chez eux, ils sont libres et ils travaillent énergiquement.

Le village arabe est un peu plus loin. Il renferme ce qui reste de l'ancienne Biskra, très-florissante au moyen âge, populeuse et riche encore au xvie siècle, ruinée ensuite et presque détruite par le gouvernement brutal des Turcs. On y fabrique des tapis, des burnous, des haïcks et de la chaux; mais la culture des dattiers est l'occupation principale des habitants. L'oasis, vue de près, n'a pas du tout la physionomie qu'on lui suppose de loin. Le terrain est très-morcelé, découpé en carrés autour desquels s'élèvent à plusieurs mètres des talus de terre. Quand on pénètre dans ces carrés, on trouve au pied des palmiers toute une végétation plus humble de plantes utiles et d'arbres fruitiers, des choux, des oignons, des fèves, des courges, du piment, des carottes, des navets, des luzernes, des oliviers, des figuiers, des abricotiers, des grenadiers, très-peu d'orangers et de citronniers. Parmi ces plantes on remarque le henné (*Lawsonia inermis*), arbuste gracieux qui ressemble un peu à nos troënes et qui se couvre de petites fleurs blanches très-nombreuses; ses feuilles séchées et pulvérisées fournissent une pâte colorante dont les musulmanes se servent pour teindre leurs ongles. De temps en temps s'ouvrent des clairières réservées aux céréales. Dans les chemins creux du village on rencontre souvent une foule assez dense et, presque à chaque pas, pliant sous le poids des enfants qu'elles portent sur le dos, des femmes ou des jeunes filles peu vêtues, le visage découvert, les oreilles ornées de deux ou trois cercles énormes et concentriques qui pendent jusqu'aux épaules. Une vieille mosquée est restée debout. Moyennant une légère offrande, on monte au sommet du minaret, d'où l'on domine l'oasis tout entière qui reprend alors l'aspect d'une forêt compacte. Le minaret dépasse la cime des plus hauts palmiers, mais il est lui-même dépassé par un cyprès d'une vigueur extraordinaire, d'un vert foncé et velouté. Les fameux cyprès du jardin Giusti à Vérone, qui ont 40 mètres d'élévation et sont âgés de quatre ou cinq siècles, pourraient seuls rivaliser avec le cyprès de Biskra, et je suis porté à croire qu'il leur est supérieur.

Entre le village français et le village arabe,

une partie de l'oasis est occupée par des villas européennes. L'une d'elles appartient à un jeune Français qui l'habite pendant la moitié de l'année, M. Landon. Elle est d'une beauté tout à fait originale : qu'on se figure un parc anglais avec des allées sablées qui serpentent sous de frais ombrages, des pelouses revêtues d'une herbe fine et tendre, des points de vue habilement ménagés, et dans ce parc des gazelles bondissant par-dessus les ruisseaux, la végétation africaine se déployant dans toute sa splendeur; le contraste entre la nature des éléments mis en œuvre et la manière dont ils sont disposés a quelque chose d'inattendu qui n'est pas sans charme. On visite aussi avec plaisir le jardin du caïd et la petite oasis de Beni-Moura, voisine du village arabe, transformée en pépinière par l'administration française.

L'oued Biskra, qui n'est autre que l'oued Kantara gonflé par quelques affluents, passe le long des trois villages du côté de l'est et, par ses dérivations soigneusement réglées, alimente les cultures. Sur la rive gauche de l'oued se trouve l'oasis de Filiach, îlot de verdure entouré de terres arides qui complète le groupe des oasis de Biskra. Le groupe entier possède une population d'un peu plus de 4000 habitants. Aux approches du coucher du soleil la promenade sur la grève de l'oued est délicieuse. Les montagnes qu'on aperçoit au nord-ouest bleuissent; celles du nord-est s'empourprent; l'une d'elles a une coloration si vive et si douce à la fois que les Arabes l'appellent *Djebel Hammar Kreddou,* la montagne à la joue rose ; des teintes intermédiaires, violacées ou lilas, tempèrent heureusement l'ardeur de ces reflets. Les palmiers, rasés par les rayons du soleil, prennent une nuance vert de gris qui produit un effet magique quand leur panache se dessine sur un fond de ciel bleu ou de nuages rouges ; quelques-uns apparaissent isolés, d'autres se rapprochent et s'inclinent l'un vers l'autre; la plupart forment des massifs profonds qui s'étendent au loin comme une prairie composée d'herbes géantes.

Les excursions qu'on peut faire en un jour en prenant Biskra pour point de départ sont nombreuses. Les eaux sulfureuses d'Aïn Hamman sont à 7 kilomètres au nord-ouest; Zaatcha est à 30 kilomètres au sud-ouest ; à l'est, on trouve Chetma à 10 kilomètres, Drohen à 17 kilomètres et Sidi Okba à 20 kilomètres. Toutes ces excursions aboutissent à une oasis, excepté celle d'Aïn Hamman.

Ces oasis ne diffèrent pas beaucoup de celle de

Biskra. Chacune d'elles cependant offre quelque trait particulier ; tantôt, comme à Zaatcha, les traces d'une guerre dévastatrice ; tantôt au contraire, comme à Drohen, quelque chose de paisible, de souriant, des eaux abondantes, des bosquets de palmiers gracieusement disposés pour la sieste au bord d'un ruisseau, de vastes jardins où les talus de terre ne sont pas trop apparents, ou bien, comme à Sidi Okba, une population indigène serrée, remuante. plus urbaine que rurale, deux édifices blanchis à la chaux, — chose rare en ce pays, où toutes les constructions ont la couleur de l'argile, — une mosquée qui date du viie siècle, curieuse par les sculptures et les peintures de ses vingt-six colonnes, vénérée par les musulmans qui s'y rendent de très-loin en pèlerinage, parce qu'elle renferme la tombe de l'émir Okba Ibn Nafè (Okba fils de Nafè), l'un des premiers et des plus brillants champions de l'islam, vainqueur des Grecs et des Berbères, dominateur de l'Afrique depuis la Tunisie jusqu'à la côte occidentale du Maroc, tué à la suite d'une révolte, en 682.

L'espace qui sépare ces diverses oasis est absolument inculte et dépourvu d'arbres ; mais il ne faut pas croire qu'il soit privé de toute végétation. Il y a une flore saharienne comme il y a une flore polaire. C'est une flore modeste qui ne s'étale pas, ne se prodigue pas, dédaigne presque toujours les couleurs éclatantes et se cache volontiers dans les trous et les plis du terrain. En fait d'arbustes, il n'y a guère que les tamaris, très-beaux et très-touffus dans les endroits assez rares où ils poussent. Parmi les plantes herbacées, la plus abondante est le drinn (*Aristida pungens*), graminée qui joue ici le même rôle que l'alfa sur les hauts plateaux et le diss dans le Tell. Bien qu'elle soit passablement coriace, les chameaux la recherchent et la trouvent savoureuse. Le drinn s'élève en hiver jusqu'à une hauteur de deux mètres. Les salsolacées, ainsi nommées à cause de la soude qu'elles renferment, sont représentées par un assez grand nombre d'espèces. Elles se complaisent dans les terres salines, et sous ce rapport la région saharienne est un excellent milieu. De temps en temps on voit briller au soleil une petite stipe plumeuse dont les poils blancs, fins et soyeux, se soulèvent au moindre souffle; c'est une *Aristida*, comme le drinn, *Aristida pygmœa*, mais aussi délicate que le drinn est rude et grossier. Les indigènes l'appellent le *voile de la négresse*. En cherchant bien, on découvre dans les coins les plus arides une plante naine d'une couleur grisâtre qui a la forme d'un nid ou d'une main à demi fermée. Pour les Arabes, c'est la main de Fathma; pour les chrétiens, la rose de Jéricho; pour les botanistes, l'*Anastatica hierocunthica*. Elle n'a nullement la grâce d'une rose, elle est plutôt bizarre que jolie et se rattache à la famille des crucifères. Sa célébrité lui vient d'une propriété singulière qu'elle possède : elle se dessèche, semble morte; puis, après un certain temps, si on la cueille et qu'on la mette dans l'eau, ou si le vent l'emporte sur un sol légèrement humide, elle revit et ses fleurs s'épanouissent de nouveau. Les anachorètes et les pèlerins qui la rencontrèrent dans les déserts de Syrie, de Palestine et d'Égypte, en firent le symbole de la résurrection. L'*Asteriscus pygmœus* est souvent confondu avec elle ; il possède, en effet, quoiqu'à un moindre degré, la même propriété et présente au premier abord une apparence analogue ; mais il en diffère radicalement puisqu'il appartient à une famille tout à fait distincte, la famille des composées.

Je citerai encore comme échantillons de la flore saharienne quelques plantes moins célèbres que la rose de Jéricho, mais plus agréables à l'œil : le *Zygophyllum cornutum*, qui semble tout imprégné de sel, comme les christes marines, et qui porte au bout de branches roides et ligneuses des fleurs étoilées d'une couleur brune, d'un tissu épais et rugueux; le *Fagonia cretica*, avec sa tige verte, ses feuilles qui rappellent en petit celles du jasmin, ses pétales roses, minces et transparents, sortant d'un calice en forme de cœur; le *Statice pruinosa*, dont les branchettes noueuses, d'un vert tendre, s'étendent en éventail et se terminent par des fleurs d'une délicatesse extrême, d'un rose pâle, pointillées à l'intérieur d'étamines blanches qui font l'effet de grésil; enfin le *Limoniastrum guyonianum*, le roi de la flore saharienne au printemps. Ses buissons touffus et arrondis s'aperçoivent à une certaine distance et font les délices du voyageur. Sa tige est forte et sèche, ses feuilles sont longues, épaisses, coriaces, couvertes d'une poudre grise; mais sur ce fond terne se détachent avec une grâce exquise des bouquets de fleurs purpurines.

A moins d'entreprendre des chasses en règle, ce qui n'est pas toujours facile, il est rare qu'on ait la bonne fortune de voir en traversant le désert les animaux sauvages qui l'animent. Ce qu'on observe à l'aise, avec une curiosité qui ne se lasse pas, c'est le passage incessant des dromadaires et des chameaux. Ils ne cheminent pas à la file les uns des autres, ils se dispersent et, sans s'écarter de la direction commune, gardent une certaine indépendance. On dirait qu'ils n'ont pas de maîtres, qu'ils voyagent de leur plein gré, pour leur plaisir, tant ils paraissent satisfaits, tant ils paraissent chercher eux-mêmes leur voie, baissant et relevant tour à tour leur long cou, promenant autour d'eux leurs regards, respirant l'air à pleins poumons, flairant les senteurs que les vents leur apportent, s'arrêtant aux plantes qui leur conviennent, prenant possession par tous les sens de ce vaste espace et de cette terre inculte qui est leur patrie, leur domaine, leur empire. Quand ils se couchent, il semble que leur poids creuse le sol, qu'ils s'y enfoncent et s'y impriment; quand ils se relèvent, de loin on croit voir un tertre qui se gonfle et surgit; quand ils se montrent debout à l'extrémité de l'horizon, le peu de relief des objets ambiants donne des proportions énormes à leur silhouette brune, qui se découpe par de vives arêtes sur le bleu du ciel.

XIV

POPULATIONS ET PRODUITS DU SAHARA

Les diverses zones du Sahara. — Les puits du désert. — Races indigènes. — Berbères soumis et sédentaires. — Touaregs. — Arabes nomades. — Traits de mœurs. — Culture des palmiers. — Valeur des dattes comparée à celle des céréales. — Richesse des oasis algériennes. — Moyens de l'augmenter. — Débouchés probables. — Valeur des dépouilles d'autruche. — Caravanes du Soudan. — La traite des nègres. — Intérêts moraux et matériels de la France.

Le pays des Ziban s'étend bien au delà des oasis que nous avons mentionnées. Il occupe à l'est de Biskra, au pied de l'Aurès, une ligne longue d'environ 150 kilomètres; du côté de l'ouest, il va jusqu'à une distance de 50 kilomètres, et du nord au sud il a une profondeur d'à peu près 60 kilomètres. La superficie totale peut être évaluée à 12 000 kilomètres carrés. Il forme la seconde zone de la région saharienne dans la province de Constantine, celle qui succède à la zone des hauts plateaux; c'est déjà le désert mais le désert avec quelques cours d'eau coulant à la surface du sol. Une troisième zone commence au sud, à partir du lac salé qu'on appelle *Chott-Melrir*. Là les cours d'eau disparaissent complétement. Il faut des puits pour faire monter à la surface la nappe d'eau souterraine qui se cache dans les profondeurs. A cette zone appartiennent les oasis de l'Oued-Rir, qui ont pour capitale Tougourt (33° 15' de latitude), et celles du Souf, qui vont rejoindre à l'est de Tougourt les frontières de la Tunisie. Le Souf, bien que situé sous la même latitude que l'Oued-Rir, est beaucoup plus sablonneux. Toute culture y serait impossible s'il n'y avait au-dessous d'une couche de sable extérieure une couche de gypse peu épaisse et une couche de sable aquifère ; on enlève les deux premières couches et l'on plante les arbres dans la troisième, au fond d'un trou où l'on entasse le fumier des caravanes ; les arbres ainsi plantés donnent les meilleures dattes du Sahara.

Les puits ont été multipliés par les Français dans l'Oued-Rir, à la grande joie des indigènes. Le premier puits artésien date de 1856. Plusieurs autres ont été forés ensuite. Ils ont donné des résultats admirables. Néanmoins, au bout de quelques années les opérations de forage se sont ralenties. Aujourd'hui il ne paraît pas qu'elles aient encore repris une grande activité. A mesure qu'on s'enfonce dans le sud, les puits deviennent de plus en plus rares. Au delà d'Ouargla, qui marque l'extrême limite de nos possessions sahariennes, si l'on se dirige au sud-ouest, vers Insalah, capitale des oasis du Touât, située sous la latitude de 26° 40', à moitié route entre Biskra et Tombouctou, on reste parfois cinq ou six jours de suite sans trouver d'eau. Et cependant des caravanes s'aventurent dans cette partie redoutable du désert. Elles sont conduites par les Touaregs.

Deux races principales peuplent le Sahara : les Berbères et les Arabes. Les Berbères se subdivisent en deux groupes distincts : les uns ont subi la domination arabe et cultivent les oasis quelquefois pour leur compte personnel, le plus souvent pour le compte de leurs maîtres (1); les autres, d'un caractère plus hardi et plus belliqueux, ont cherché un refuge dans une région où les Arabes n'ont pu les atteindre. Ces derniers sont les Touaregs. Depuis longtemps ils se sont emparés du commerce qui se fait entre le Soudan, d'une part, et de l'autre la Tunisie, l'Algérie et le Maroc. Ils pillent les caravanes qui leur résistent; ils dirigent et protégent celles qui leur

(1) La part du métayer (en arabe *khammès*) est d'un quart pour les légumes et d'un huitième pour les dattes.

payent tribut. Un traité qui remonte au mois de novembre 1862 nous assure avec eux des relations amicales. La veille de mon départ (le 25 avril), deux d'entre eux arrivèrent à Biskra. J'allai les voir dans la cour du bureau arabe. Ils venaient en droite ligne d'Insalah. Nous les trouvâmes assis sur des coffres, se reposant des fatigues de leur long voyage. Ils se prêtèrent volontiers à l'examen que nous fîmes de leurs costumes, de leurs armes et de leurs personnes. La partie la plus étrange de leur costume est le voile, qui est noir et se compose, comme le casque des anciens chevaliers, d'une visière qui descend jusqu'aux yeux et d'une mentonnière qui monte au-dessus de la bouche. Ce voile a évidemment pour but de les protéger contre la poussière et le rayonnement des terrains sablonneux. On dit que leurs femmes, contrairement aux mœurs musulmanes, ne sont pas voilées ; elles n'ont pas besoin de l'être, car elles ne les suivent pas dans leurs courses. Leurs vêtements sont rudes et sombres ; leur épée est longue, large et droite ; ils y ajoutent, comme armes offensives, un poignard, une lance ou un fusil à pierre, et souvent, comme armes défensives, des boucliers couverts de peau d'éléphant. Grands, osseux, bien découplés, le teint non pas noir, mais couleur de cuivre ou légèrement bistré, ils ont dans leurs physionomies et dans leurs allures beaucoup d'analogie avec le type bien connu des Albanais. Près d'eux se tenaient leurs montures, qu'on était en train de desseller, deux dromadaires blancs, de haute taille, le ventre évidé, le poitrail large, l'œil vif, appartenant à cette espèce obtenue par sélection et par une éducation perfectionnée que les indigènes désignent sous le nom de *mehari* (au pluriel *mehara*). Aussi patients et aussi sobres que les chameaux ordinaires, les mehara ont une rapidité beaucoup plus grande. On affirme qu'ils peuvent faire trente et quarante lieues en un jour.

Quelques Arabes résident dans les oasis, beaucoup y possèdent des jardins qu'ils font exploiter par les Berbères. La plupart mènent de préférence la vie nomade, couchant sous la tente, se transportant avec leurs femmes, leurs serviteurs et leurs troupeaux, selon les saisons, de la plaine sur les hauts plateaux et des hauts plateaux dans la plaine. Le Sahara par la rareté des terres labourables et par l'immensité des terres de parcours ouvertes à tous, est bien plus favorable que le Tell à ce genre de vie. C'est le pays qui convient le mieux aux descendants des compagnons du prophète de la Mecque. Ils y retrouvent dans ses traits essentiels leur patrie primitive. Ici plus encore que de l'autre côté de l'Atlas, ils ont conservé intacts leur esprit aventureux, leur passion pour la chasse, leurs mœurs bibliques, leur organisation féodale, leurs manières graves, élégantes et nobles. Leur hospitalité a quelque chose de grandiose qui touche profondément l'étranger. Ce n'est pas qu'elle soit toujours luxueuse; mais alors même qu'elle se réduit à vous offrir le couscous au piment et le vin de palmier, il y a dans leur attitude, dans leurs gestes, dans le jeu de leur physionomie, une expression de dignité et de sympathie plus éloquente que les démonstrations les plus pompeuses. Ils ont au suprême degré l'art de rendre des sentiments délicats par des moyens très-simples, avec une convenance parfaite et une spontanéité en quelque sorte instinctive. J'en citerai un exemple qui m'a laissé une vive impression. Nous entrâmes un jour dans un café à Sidi-Okba; une dame française était avec nous. Dans les cafés arabes, on rase et l'on saigne. Pendant que nous dégustions la boue liquide et aromatique contenue dans notre petite tasse, un homme d'un âge mûr, vêtu d'un ample burnous, tenant une rose à la main, vient se faire saigner. On lui applique deux ventouses sous la mâchoire. Ce spectacle émut la personne qui nous accompagnait. Elle pâlit. L'Arabe reste impassible en apparence, mais sans bouger de place il soulève son bras et, avec un demi-sourire accompagné de ce seul mot : « madame, » il me tend la rose dont il respirait le parfum.

Touaregs, Berbères ou Arabes, tous les habitants du grand désert saharien vivent de dattes, soit par la consommation directe qu'ils en font, soit par l'échange. Le palmier-dattier (*Phœnix dactylifera*) est l'arbre providentiel de cette région, aussi bien dans la zone des eaux courantes que dans la zone des puits, dans les plaines de gypse comme dans les plaines de sable. Selon un proverbe arabe, il veut avoir les pieds dans l'eau et la tête au feu. En hiver, il supporte une température assez basse et même quelques degrés au-dessous de zéro; mais à partir de la floraison, qui a lieu à la fin de mars, jusqu'à l'époque de la maturité, qui arrive à la fin d'octobre, c'est-à-dire pendant sept mois, il est très-exigeant sous le rapport de la chaleur; le total des degrés nécessaires a été évalué à 6362 par M. Hardy, l'ancien directeur du jardin d'essai au Hamma; la moyenne dépasse 29 degrés par jour, et en outre toute température inférieure à 18 degrés est comme non avenue, elle n'agit pas sur la fructification. La quantité d'eau qui arrose ses racines pendant la saison chaude varie suivant la localité ; à Biskra, on l'estime à 100 mètres cubes environ ; une quantité moindre peut suffire, mais le minimum indispensable ne doit pas s'écarter beaucoup de ce chiffre. La pureté de l'eau est moins importante. Les eaux du Sahara sont presque toutes saumâtres ; le chlorure de sodium et de magnésium, le sulfate de soude, le sulfate et le carbonate de chaux s'y trouvent dans de notables proportions, ce qui les rend peu agréables à boire et légèrement purgatives. Le palmier-dattier s'en contente sans qu'on puisse dire qu'il les préfère, car si on lui fournit des eaux plus pures, dans un milieu atmosphérique également favorable, son développement est loin d'en souffrir.

Les pieds des palmiers sont mâles ou femelles ; naturellement on cherche à multiplier les pieds femelles, qui portent seuls des fruits ; on y réussit au moyen de boutures, et l'on supplée à la rareté des mâles par la fécondation artificielle. Les jeunes arbres commencent à rapporter à partir de la huitième année. Ils atteignent leur plus grande vigueur à l'âge de trente ans. La décadence ne se fait sentir qu'au bout d'un siècle. Dans la phase la plus productive de leur existence, les palmiers donnent par an huit ou dix régimes de dattes; chacun de ces régimes pèse en moyenne 8 kilogrammes; les fruits sont rouges et pendent au-dessous des feuilles, attachés à un long rameau couleur d'ambre; on les récolte au mois de novembre; convenablement desséchés, ils se conservent pendant plusieurs années. On plante environ cent pieds par hectare. Le produit moyen d'un hectare de palmiers est donc de 7200 kilogrammes ou 72 quintaux. Or, les dattes s'échangent dans le Tell, au moment de la moisson, contre un poids double de blé; au moment de la récolte, dans le Sahara, le phénomène inverse se produit; le quintal de blé vaut alors 2 quintaux de dattes. Les deux récoltes se faisant à un intervalle de six mois, la valeur des deux produits est à peu près égale. Seulement il y a entre la culture des dattiers et celle des céréales cette immense différence qu'aucune culture de céréales ne donne 72 quintaux par hectares; les céréales du Tell entre les mains des indigènes produisent au plus 6 ou 7 quintaux, et le double peut-être entre les mains des colons. Apprécié en argent, le produit moyen d'un hectare est de 1400 à 1500 francs, le produit d'un pied de 14 à 15 francs; certains arbres rapportent jusqu'à 30, 40 et 50 francs. L'impôt est de 1 franc par pied.

Quant le palmier est vieux, on le saigne au sommet, et la séve qu'on en tire donne une boisson qui n'est pas à dédaigner. J'en ai goûté avec plaisir dans l'oasis de Drohen. Le vin de palmier, selon qu'il est doux ou aigre, ressemble à l'orgeat ou au cidre. Le bourgeon terminal découpé en petites lanières blanches forme un mets des plus délicats. Le bois des arbres abattus, sans être d'une solidité très-grande, s'emploie pour la construction des maisons et des puits. On utilise aussi les palmes pour les clôtures, les toitures, les nattes et les paniers. Laissant de côté ces divers emplois, et ne tenant compte que des dattes, on voit par les détails qui précèdent quelle peut être la richesse du Sahara.

La France possède environ quatre cents oasis, soit au sud de la province d'Oran (oasis des Ouled-Sidi-Cheick), soit au sud de la province d'Alger (oasis des Beni-Mzâb), ou enfin au sud de la province de Constantine (oasis des Ziban, de l'Oued-Rir et du Souf). Toutes ces oasis n'égalent pas en importance celle de Biskra, qui renferme à elle seule cent quarante mille palmiers; quelques-unes en ont seulement quelques centaines; mais en prenant une moyenne de dix mille, on arrive au chiffre de quatre millions d'arbres, donnant un revenu annuel de 60 millions de francs. Cette richesse est susceptible d'une augmentation considérable par des moyens qui sont à notre portée. D'après un savant voyageur, M. Martins, le nombre des palmiers plantés autour des nouveaux puits artésiens de 1856 à 1866 s'élève au chiffre de cent cinquante mille. Il importe donc au plus haut point de multiplier les puits dans la région des eaux souterraines. Dans la région des cours d'eau superficiels, au pied des montagnes, il faut, comme dans le Tell, construire des barrages. Dans l'une et l'autre région, tout ce qui touche à l'aménagement des eaux doit être considéré comme un intérêt de premier ordre. Il faudrait aussi terminer les routes qui aboutissent à l'entrée du Sahara, et peu à peu les prolonger jusqu'aux centres principaux qui nous appartiennent, tels que Tougourt et Ouargla. Enfin nous devons, avec une inflexible fermeté, protéger les travailleurs des oasis contre les violences des nomades et les exactions des chefs arabes. La sécurité matérielle est déjà assurée d'une manière presque complète; la sécurité morale, celle qui résulte du redressement des abus, de la répression des fraudes, de la réforme des coutumes oppressives, laisse beaucoup à désirer.

Si la production agricole ou plutôt horticole du Sahara se développe, si les voies de transport se perfectionnent, il n'est pas à craindre que les débouchés fassent défaut. Il arrivera vraisemblablement pour les dattes ce qui est arrivé pour les primeurs, les raisins, les oranges et les autres fruits de l'extrême midi : la consommation augmentera, parce que les peuples du Nord prennent de plus en plus le goût des produits exotiques et recherchent avec empressement tout ce qui peut diversifier leur nourriture. Il y a là les éléments d'un grand commerce pour l'avenir.

En dehors des dattes, le grand désert saharien fournit encore quelques objets d'exportation ; mais ils ne peuvent jouer qu'un rôle accessoire. De ce nombre sont les dépouilles d'autruche. C'est surtout dans le pays de Beni-Mzâb, à l'ouest de l'Oued-Rir, sous le 33e degré de latitude, qu'on chasse l'autruche. C'est une chasse terrible qui se fait au plus fort de l'été, avec des chevaux dressés exprès. Les Arabes s'y livrent avec passion. L'autruche, poursuivie à outrance, succombe à la chaleur plus qu'à la fatigue, après avoir lassé trois ou quatre relais. La dépouille du mâle vaut de 400 à 500 francs.

Le pays des Touaregs et le Soudan offrent,

sur une étendue plus vaste, des ressources du même genre que celles du Mzâb algérien. Il serait avantageux pour nous d'attirer dans notre colonie les caravanes qui partent de ces régions et se dirigent le plus souvent vers le Maroc et la Tunisie. Malheureusement ces caravanes transportent autre chose que des marchandises; elles traînent à leur suite des nègres qu'elles vendent dans les États où l'esclavage n'a pas été aboli, et c'est là, dit-on, la partie la plus lucrative de leur trafic. Nous ne pouvons pas lutter sur ce terrain avec les puissances musulmanes qui nous avoisinent. Ce serait payer trop cher l'avantage d'un commerce plus étendu avec le Soudan. Nous devons maintenir résolûment ces principes d'émancipation grâce auxquels la France, malgré tant de défaillances sur d'autres points, tant de mesures rétrogrades inspirées par un conservatisme aveugle ou hypocrite, figure encore au nombre des nations civilisées.

Quelques personnes proposent, il est vrai, d'acheter les nègres aux caravanes du Sud; on les affranchirait aussitôt après les avoir achetés, et ils rembourseraient ensuite par leur travail le prix de leur rachat. Ce plan offre, à mes yeux, deux inconvénients : le premier, c'est d'encourager la traite des nègres à l'intérieur de l'Afrique en lui offrant un débouché nouveau; le second, c'est de placer les affranchis dans une situation qui ressemblerait à une demi-servitude : un homme tenu par corps d'acquitter une certaine dette n'est qu'à moitié libre. Mieux vaut que la terre où nous avons planté notre drapeau reste une terre d'asile, ouverte sans restriction à tous les travailleurs de bonne volonté. Tôt ou tard les populations transsahariennes apprendront à la connaître et à l'apprécier. La sécurité et la liberté garanties par une administration habile et une force militaire suffisante, des puits nombreux et bien entretenus, de bonnes routes conduisant par les défilés de l'Atlas aux lignes de chemins de fer du Tell et aux ports de la Méditerranée, voilà sur quoi il faut compter pour attirer à nous les gens du dehors, pour obtenir à la longue l'ascendant au point de vue commercial comme au point de vue politique, et donner l'essor à la prospérité matérielle, conséquence nécessaire de la supériorité morale.

XV

LA PETITE KABYLIE.

Les Berbères. — Les deux Kabylies. — Route de Constantine à Sétif. — Colonies alsaciennes. — Fermes de la compagnie génoise. — Sétif. — Le djebel Magris. — Types kabyles. — Les eaux minérales. — Le fort de Takitoun. — La vallée de l'oued Agrioun. — Le Châbet-el-Akra. — Le versant méditerranéen. — Bois de frênes, rosiers et rossignols. — Le golfe de Bougie. — L'auberge du cap Casse. — L'oued Sahel. — Bougie et ses environs. — Le phare du cap Corbon.

Nous avons vu que les cultivateurs des oasis sahariennes appartenaient à la race berbère. La plupart des populations qui occupent les massifs montagneux de l'Algérie, soit au bord de la mer, soit dans l'intérieur du pays, appartiennent à la même race. Les origines des Berbères sont encore incertaines. Il est probable qu'ils forment un des rameaux de la race sémitique. Ce qui est certain, c'est que les Phéniciens d'abord et les Romains ensuite les trouvèrent implantés sur le sol de l'Afrique septentrionale. Dans l'état actuel de nos connaissances, ils représentent pour nous la couche humaine primitive, celle qui a précédé toutes les autres en Algérie. On appelle généralement Kabyles les montagnards berbères du littoral et plus particulièrement ceux qui habitent les deux massifs qui sont à droite et à gauche de l'oued Sahel (1). Le premier massif est caractérisé par le Djurjura *(mons Ferratus des Latins)*; il s'étend à l'ouest jusqu'à l'Isser. Le second massif est caractérisé par la chaîne du grand Babor; il s'étend à l'est jusqu'à l'oued Kebir. Chacune de ces régions a son port. La première, qu'on appelle grande Kabylie ou Kabylie du Djurjura, a pour port Dellys; la seconde, désignée souvent sous le nom de petite Kabylie, a pour port Djidjelli. Bougie, située à l'embouchure de l'oued Sahel, se trouve le centre maritime des deux régions.

A l'exception de l'extrême pointe nord-est, la grande Kabylie est comprise dans le territoire de la province d'Alger. La petite Kabylie est tout entière dans la province de Constantine. C'est elle que nous visitâmes d'abord. Dans ce but, nous partîmes de Constantine le 8 mai et nous prîmes la route de Sétif. Cette route est longue de 125 kilomètres; quoique fort mal entretenue en certains endroits, elle est desservie de nuit par une diligence qui la parcourt

(1) Le mot *kâbyle* vient de *kbail*, pluriel de *kbila*, qui signifie *tribu*.

en douze heures. Une voiture particulière coûte 120 francs et fait le trajet en deux jours. L'aspect du pays est monotone. On traverse de vastes plateaux presque nus, ouverts à tous les vents; quelques montagnes se montrent au loin; sur ces plateaux on voit très-peu d'arbres, pas mal de céréales et surtout des pâturages, plus ou moins gras, où circulent d'immenses troupeaux de moutons et de chèvres. C'est une espèce de Beauce, très-fertile, mais peu habitée et peu cultivée. L'altitude de ces plateaux est telle, que le 8 et le 9 mai, par un ciel clair, le froid de l'air obligeait à se couvrir de vêtements chauds; un vent sec et âpre nous coupait le visage; de dix heures à deux heures seulement, l'ardeur du soleil se faisait sentir et de grands lézards d'un vert d'émeraude sortaient de leurs trous pour jouir de la chaleur extérieure. La plupart des plantes sauvages sont naines. De temps en temps, les mauves lilas, les liserons roses ou bleus, les hélianthèmes blancs ou jaunes, égayent le paysage.

Jusqu'aux deux tiers du chemin, on suit le cours du Rummel, qui coule en sens inverse, c'est-à-dire de l'ouest à l'est; on traverse plusieurs ruisseaux qui sont ses affluents. On rencontre fréquemment des voitures de roulage. La colonisation commence à peine. Cependant, des auberges passables sont échelonnées le long de la route, et autour d'elles se sont formés quelques groupes européens dont la population totale peut être évaluée à un millier d'habitants. Les principaux de ces groupes sont l'Oued-Athmenia, Saint-Donat et Saint-Arnaud.

Aux environs de l'Oued-Ahtmenia, on a établi, en 1872, plusieurs colonies alsaciennes. Près de Sétif, des fermes nombreuses et importantes sont exploitées pour le compte d'une compagnie genevoise. Dans le principe, les travailleurs étaient des colons, mais ils n'ont pu payer leurs redevances et ils ont été remplacés par des indigènes.

Sétif, l'ancienne *Sitifis* des Romains, est une petite ville qui ne manque pas d'élégance. Elle renferme 4074 habitants et avec sa banlieue 4867, dont environ 2000 Français et 400 ou 500 étrangers. Très-prospère au moyen âge, elle a décliné sous le gouvernement des Turcs. Nous l'avons relevée de ses ruines pour en faire un centre militaire d'abord, puis un centre civil et commercial. Elle est munie d'une enceinte fortifiée qui a été fort utile contre l'insurrection des tribus voisines en 1871. On y trouve une jolie mosquée et une intéressante collection d'antiques exposée en plein air. Son altitude, qui est de 1085 mètres au-dessus du niveau de la mer, lui assure un climat froid ou tempéré pendant huit mois de l'année. Sa situation entre les riches plaines de la Medjana à l'ouest et les plateaux fertiles qui la séparent de Constantine à l'est, lui promet sans doute pour l'avenir un développement considérable. Jusqu'ici ce développement n'a pas eu lieu. Sétif végète faute de voies de communication. La route de Constantine n'est pas très-bonne ; celle d'Alger est, dit-on, moins bonne encore ; la troisième, celle de Bougie, est à peine praticable, même pour les voitures légères ; il est vrai qu'au point de vue pittoresque cette dernière est une des plus belles de l'Algérie, mais c'est là un genre de compensation qui n'est apprécié que des touristes.

Après avoir franchi la porte du nord, on traverse quelques villages européens, puis on quitte les hauts plateaux et l'on s'engage dans une région montagneuse ; on contourne le djebel Magris, dont le sommet a 1722 mètres d'élévation ; la route devient de plus en plus étroite et difficile ; souvent elle est encombrée par les indigènes qui se rendent au marché ; à mesure qu'on avance, les Arabes sont plus rares et les Kabyles plus nombreux ; ceux-ci se reconnaissent tout de suite à leur démarche moins noble, à leurs vêtements misérables, à leur tête carrée, à leur teint blanc rougi par le hâle; peu à peu on découvre des maisonnettes grossièrement bâties, couvertes de chaume, d'une couleur terreuse, s'élevant très-peu au-dessus du sol et se confondant presque avec lui; sur les pentes les chardons-artichauts s'étalent au milieu des orges et mêlent une nuance bleuâtre au vert tendre des céréales; des touffes de vipérines empourprées poussent çà et là, les lézards à l'éclat métallique courent le long des roches de schiste. A une distance d'une trentaine de kilomètres, on s'arrête pour reposer les chevaux et pour déjeuner sur le bord d'un ruisseau d'eau minérale ombragé par des acacias et des lauriers-roses. Les lauriers-roses que nous avions trouvés en pleine floraison à Biskra, le 22 avril, n'étaient pas aussi avancés ici : les pointes rouges de leurs boutons perçaient à peine; mais les belles grappes des acacias annonçaient la fin de l'hiver. Ce petit coin nous parut délicieux. Depuis deux jours, nous étions en proie au vent glacial des hauts plateaux. Nous retrouvions enfin une température plus clémente. Nous touchions, sans y être encore, à la douce région méditerranéenne.

Une montée assez rude conduit des eaux minérales à un col d'où l'on aperçoit sur la gauche le fort de Takitoun. Ce fort fut attaqué, en 1871, par les Kabyles. Les colons du voisinage s'y étaient réfugiés. La garnison était réduite à une poignée d'hommes. Les munitions manquaient. Il n'y avait pas de gargousses pour les canons. Là comme partout, en Afrique, comme en France, on avait été pris au dépourvu. Cette fois heureusement, la défense fut énergique et le succès répondit aux efforts de nos braves compatriotes. Takitoun résista jusqu'à l'arrivée des troupes de la métropole. A partir du col, la route inclinait autrefois à l'ouest : aujourd'hui cette route est abandonnée, et la nouvelle se dirige droit au nord vers la mer par le défilé de l'Akra.

Avant d'atteindre le défilé, on traverse des forêts de chênes verts. Ces chênes sont bien curieux à voir au printemps : les feuilles naissantes sont encore toutes couvertes d'un duvet blanchâtre, tandis que les vieilles feuilles gardent leur vert foncé; les genêts épineux, les aubépines et les églantiers forment le dessous des bois. Au sortir de ces forêts, on tombe dans la vallée de l'oued Agrioun, on passe la rivière à gué, tout près d'une petite maison française entourée d'un jardin et de beaux eucalyptus, puis on longe la rive droite pendant quelque temps et l'on arrive à l'entrée d'une gorge étroite que les indigènes appellent *Châbet-el-Akra*, c'est-à-dire le défilé de l'agonie. Malgré ce nom tragique, on dort très-paisiblement dans une petite auberge qui est à deux pas du châbet. La vallée de l'Agrioun n'a pas du tout un aspect sinistre. Les figuiers de Barbarie et les figuiers ordinaires y abondent. Dans les fissures des rochers, des plantes sauvages dressent leurs têtes fleuries. Parmi ces plantes s'en trouve une charmante (*Silene imbricata*) qui n'ouvre son calice qu'au coucher du soleil; le jour, elle se dérobe aux regards par son attitude modeste et sa couleur un peu terne; le soir, on est tout surpris des milliers de petites étoiles d'un blanc rosé qui brillent tout à coup dans les endroits mêmes où quelques minutes auparavant rien n'attirait l'attention. Près de l'auberge, on achevait de reconstruire un moulin brûlé par les Kabyles en 1871.

Le lendemain matin, par un temps splendide, nous pénétrâmes dans le châbet. C'est un couloir très-étroit, long de cinq ou six kilomètres, qui rappelle le passage des Eaux-Chaudes dans les Pyrénées. Les plus hauts sommets des montagnes de la petite Kabylie sont à une distance de trois ou quatre lieues : du côté de l'ouest, le djebel Ta-Kintouch, qui a 1674 mètres d'élévation; du côté de l'est, le grand Babor, qui a 1990 mètres. La route est taillée dans le roc. Il ne lui manque pour être achevée que d'être munie partout de parapets. Heureusement les chevaux arabes ne sont pas sujets au vertige; ils passent au bord de l'abîme avec une sérénité imperturbable; ni les rochers qui surplombent, ni le bruit du torrent ne les effrayent. D'énormes blocs se dressent à droite et à gauche, tapissés de mufliers rouges. Peu à peu la gorge s'élargit, les poudingues succèdent aux roches compactes, un souffle tiède se fait sentir, le bleu du ciel s'étend, un horizon lumineux se découvre, et l'on se trouve bientôt en dehors du châbet, gravissant sous les chauds rayons du soleil une côte qui domine la rivière. Quel contraste entre ce versant de la montagne et l'autre, celui qui regarde Sétif! La température et la végétation semblent en désaccord avec la carte : on va au nord en droite ligne et on croit retrouver le midi. Les lauriers-roses sont en fleurs; des oliviers d'une ampleur majestueuse, alternent avec les chênes verts et les chênes-liéges; enfin, nous revoyons des orangers non pas timidement cachés dans le creux d'un ravin, mais déployant en plein air leurs branches vigoureuses couvertes de ces belles feuilles luisantes qu'on reconnaît de si loin à leur éclat.

Une heure et demie environ après la sortie du châbet, on arrive au bord de la mer, qu'on longe à une certaine distance pendant trois ou quatre heures jusqu'à Bougie. Cette partie de la route est à la fois la plus attrayante et la plus difficile. Il y a quelque chose de pire qu'une route non faite, c'est une route à moitié faite, parce qu'aux obstacles naturels s'ajoutent les obstacles artificiels provenant des travaux préparatoires. Or, tel était précisément, au mois de mai 1873, l'état de la route entre Bougie et l'embouchure de l'oued Agrioun. Plus d'une fois nous fûmes sur le point d'abandonner notre véhicule, qui tint bon cependant jusqu'au bout, grâce à quelques réparations improvisées et à l'énergie du conducteur. Quant au pays, c'est un véritable Éden. On s'enfonce d'abord au milieu d'une épaisse forêt de frênes et de chênes verts. Les vignes sauvages serpentent autour des arbres, et leurs rameaux entrelacés forment des cônes qui pendent en l'air comme les lianes dans les forêts vierges; de toutes parts s'épanouissent des roses blanches, tantôt à la portée de la main au sein des buissons, tantôt au travers du feuillage des grands arbres, ou même pardessus les cimes les plus élevées; dans les clairières, les myrtes se mêlent aux lentisques et de hautes graminées agitent leur panache plumeux. Quelquefois on aperçoit un chacal qui fuit en rasant le sol, la queue entre les jambes. Les rossignols invisibles accompagnent le voyageur de leur chant; ils se succèdent l'un à l'autre sans interruption. C'est un des traits caractéristiques et l'un des charmes de l'Algérie, que le grand nombre des oiseaux chanteurs. L'Italie méridionale, si pleine de séductions, en est privée. Nous avons avec joie constaté leur présence dans les trois provinces de notre colonie africaine; mais le golfe de Bougie est sans doute leur lieu de prédilection; nulle part nous n'avons entendu de pareils concerts. La scierie de bois installée au cœur de la forêt ne paraît pas les effaroucher. Cette scierie, du reste, a un aspect des plus rustiques; les Européens qui y travaillent rappellent, avec moins de rudesse, le type des pionniers du *far west*. Un peu plus loin, la scène change : la végétation toujours vigoureuse est moins dense, les oliviers remplacent les chênes, ce n'est plus une forêt, c'est une plaine parsemée de bouquets d'arbres, on revoit la mer, dont on se rapproche rapidement et l'on atteint le cap Casse, où une petite auberge fort bien tenue vous tend les bras.

L'auberge du cap Casse est bâtie sur une falaise du haut de laquelle on embrasse une partie considérable de la chaîne du grand Babor, avec ses pics émaillés de plaques de neige dans le lointain et, au premier plan, des pentes boisées, puis la plaine avec ses frênes et ses oliviers; au pied de la falaise s'étend une vaste plage de sable fin où s'élèvent, comme des monticules, des touffes de lentisques; une bordure d'écume d'une blancheur éblouissante marque la limite de la plage; au delà la mer se déroule et fait miroiter ses ondes qui passent tour à tour du vert pâle au bleu indigo et à l'azur le plus tendre. Un ciel sans nuages, un soleil brûlant, donnaient aux moindres détails un relief extraordinaire et une intensité de couleur merveilleuse; l'ensemble avait ce quelque chose de triomphant qui nous enchante dans les toiles de Paul Véronèse ou du Titien et dans certains passages des symphonies de Beethoven. Une route en corniche coupe la falaise après le cap Casse sur une longueur de deux ou trois kilomètres; les mufliers rouges du châbet reparaissent entre les fissures des rochers; on se retrouve ensuite dans une plaine au milieu des myrtes, des lentisques, des lauriers-roses, des rosiers blancs et des vignes sauvages; des prairies couvertes de chrysanthèmes dorés se prolongent sur la droite jusqu'à la mer ; sur la gauche s'arrondissent des mamelons d'une terre rougeâtre ou violacée que les fougères, les frênes, les oliviers et les chênes revêtent de la base au sommet d'une fourrure moelleuse où toutes les nuances du vert se confondent harmonieusement. Quelques minutes avant d'arriver à Bougie, on passe l'oued Sahel, qui prend ici le nom de Soummam, sur un pont de tôle très-élégant.

Bougie du temps des Romains s'appelait *Saldæ*. Son nom actuel lui vient d'une tribu berbère voisine, la tribu des *Bedjaia*. Elle acquit une grande importance au moyen âge. Elle était célèbre alors par la fabrication des chandelles de cire et par ses pirates. Elle tomba en 1509 aux mains des Espagnols. En 1555, elle leur fut enlevée par le pacha d'Alger et à partir de cette date commença à déchoir. En 1674, elle était réduite à une population de 600 âmes. Nos troupes l'occupèrent en 1833. En 1860 elle avait 2000 habitants. Aujourd'hui elle en a un peu plus de 3000. En 1871 elle a été assiégée pendant deux mois par les Kabyles, qui, au nombre de quinze mille, tentèrent quatre fois l'assaut. Elle se défendit avec succès. Sise sur les flancs du djebel Gouraïa, elle n'est accessible du côté de terre que par des pentes très-roides. Un fort couronne le sommet de la montagne; d'autres protégent les abords immédiats de la ville. On a fait beaucoup pour Bougie au point de vue militaire et avec raison, car il y a là une base stratégique de premier ordre; mais on a fait trop peu au point de vue économique. Le port manque de profondeur et par les gros temps il n'offre pas de sûreté; les communications par terre avec Dellys et Alger d'une part, avec l'intérieur de la grande Kabylie, avec Aumale et Sétif d'autre part, sont tout à fait insuffisantes. La colonisation est languissante autour de Bougie, et cependant quelle magnifique région!

En attendant que les colons l'exploitent elle est bien digne d'être fréquentée par les touristes. La ville elle-même est très-pittoresque, avec sa grande arcade sarrasine à l'entrée du port, son palmier au-dessus du quai, ses jardins d'orangers et de grenadiers, ses vieilles murailles, ses rues escarpées et en zigzag. A l'est se trouvent ces belles plages, ces plaines et ces forêts dont nous avons parlé plus haut; au sud-ouest les ruines romaines de *Tubusuptus ;* au nord le mont Gouraïa, la vallée des singes et le cap Carbon. Le cap Carbon marque l'extrémité occidentale du golfe de Bougie. Il est formé par un énorme rocher où l'on a bâti un phare. Ce rocher se rattache à la terre ferme par une crête aiguë plantée de pins maritimes. Pour atteindre la crête qui précède le cap, il faut monter et descendre pendant plus d'une heure des falaises très-âpres couvertes d'oliviers et de caroubiers, embellies au printemps par les fleurs des volubilis, des cistes et des lins jaunes. Si l'on revient par mer, on remarque dans la partie inférieure du rocher qui porte le phare une vaste ouverture par laquelle le flot passe comme sous l'arche d'un pont; les falaises qu'on rase de près se montrent par leur côté sauvage; leurs flancs sont abruptes, rugueux, hérissés de chamærops et de cactus; la mer ronge leur base et l'arrondit en la rongeant; ses oscillations découvrent et cachent tour à tour des milliers d'actinies dont les couleurs brillantes ressortent sur le fond brun des rocs.

XVI

LA KABYLIE DU DJURJURA.

Limites de la grande Kabylie. — Route d'Alger à Fort-National. — Etat des champs à la fin de mai. — Cueillette de la petite centaurée. — L'Alma et Belle-Fontaine. — Colonies alsaciennes. — Col des Beni-Aïcha. — Troupes de travailleurs kabyles. — Souk-el-Djemâ. — L'oued Sebaou. — Tizi Ouzou. — Montée du Fort-National. — Caractère de la végétation. — Cultures indigènes. — Curieux aspect des villages. — Les femmes et leurs amphores. — Les petits mendiants. — Fort-National. — Etablissements civils et militaires. — Vue du haut de la forteresse, sur le Djurjura, le cours de l'Aïssi et l'ensemble du pays.

La grande Kabylie décrit sur la carte une sorte d'ovale qui a environ 120 kilomètres de long sur 50 de large. Elle est nettement délimitée au nord par la mer, à l'ouest par le cours de l'Isser, au sud-ouest, au sud et à l'est par la chaîne de montagnes qui borde la rive gauche de l'oued Sahel, touche Bougie à l'une de ses extrémités et par l'autre bout va rejoindre l'Isser. La partie la plus méridionale de la chaîne kabyle porte le nom de Djurjura. C'est là où se trouvent les pics les plus élevés, notamment le pic ou *tamgout* de Lalla Khadidja, qui atteint une hauteur de 2308 mètres. L'intérieur du pays est traversé par une rivière qui coule de l'est à l'ouest, puis au nord, et va se jeter à la mer tout près de Dellys. Cette rivière s'appelle l'oued Sebaou. Entre l'oued Sebaou et le Djurjura, au cœur même de la région montagneuse, sur un plateau appartenant à la tribu belliqueuse des Aït-Iraten, on a construit en 1857 un fort qui atteste et assure notre domination. Le « Fort-National » est l'objectif naturel des excursions dans la Kabylie du Djurjura. Aucune route carrossable ne le rattache encore à Bougie; mais on peut s'y rendre très-facilement en voiture, si l'on part soit de Dellys, soit d'Alger. La route d'Alger est celle que nous avons suivie et que nous allons décrire.

D'Alger à Fort-National la distance est de 132 kilomètres. La diligence fait le trajet en quinze heures, mais elle voyage de nuit; nous nous décidâmes à prendre une voiture particulière qui nous coûta 140 francs, aller et retour. Notre excursion dura quatre jours. Notre départ eut lieu le 28 mai à cinq heures et demie du matin. Un brouillard épais couvrait la campagne; il se dissipa vers les neuf heures, et la chaleur, sans être accablante, devint très-forte. Les champs de céréales commençaient à se dénuder, car on achevait la moisson; mais plus d'une place inculte laissait voir des touffes de lauriers et de myrtes en fleurs. En même temps que la moisson on faisait la cueillette de la petite centaurée. Elle jonchait le sol de ses corymbes roses, les femmes et les enfants en avaient les mains pleines, on l'entassait par paquets à la porte des maisons, on en chargeait des charrettes entières. La petite centaurée (*Erythræa centaurium*) appartient à la famille des gentianées; les Espagnols l'appellent, à cause de son amertume, *hiel de tierra;* on l'emploie en médecine comme fébrifuge : elle n'est pas exclusivement propre à l'Algérie, mais elle y croît avec une abondance extraordinaire. On en exporte chaque année des quantités considérables. Après avoir passé l'oued Harrach, l'oued Khamis, l'oued Reghaïa, nous atteignîmes l'extrémité orientale de la Mitidja, c'est-à-dire l'oued Boudouaou. Là se trouve le village de l'Alma, où l'on a établi récemment une colonie alsacienne, sur des terres séquestrées aux rebelles de 1871. Ce village, qui date de 1856, est en pleine prospérité. Un peu plus loin, au delà de l'oued Korso, on rencontre une autre colonie alsacienne installée dans d'excellentes conditions à un endroit qu'on nomme Belle-Fontaine.

A dix heures et demie nous arrivâmes au col des Beni-Aïcha. Il y a là un petit groupe de maisons européennes plein de promesses pour l'avenir. On y trouve bon repas et bon gîte dans une auberge supérieure aux trois quarts de celles que possèdent, en France, nos villes de second ordre. Du haut du col on découvre, derrière un vaste groupe de mamelons verdoyants, les hautes cimes du Djurjura, âpres et chauves. A la descente, on traverse l'Isser et l'on entre dans la grande Kabylie. Le pays devient plus accidenté. Les cigognes se promènent dans les champs. Les voitures, moins nombreuses depuis l'Alma, sont de plus en plus rares. Par contre, la route est envahie par d'interminables files de piétons : ce sont les Kabyles qui descendent en masse de leurs montagnes pour aller se louer dans les plaines; ils sont vêtus grossièrement et portent avec eux leurs instruments de travail; leur physionomie n'a rien de sombre ni d'hostile; ils marchent d'un pas délibéré, avec un entrain joyeux. Tout près de l'Isser, on franchit le lit large, mais desséché, de l'oued Djema; on s'arrête un instant, sur la rive droite, au village de

Souk-el-Djemâ (1) pour admirer le gracieux édifice du bureau arabe construit par un Français en style mauresque; on passe ensuite à Bordj-Menaïel, puis à Azib-Zamoun, où la route se bifurque, la branche de gauche allant à Dellys, celle de droite à Fort-National; on arrive enfin dans la vallée de l'oued Sebaou; après avoir suivi la rive gauche de la rivière, à une distance de 1 ou 2 kilomètres, on incline un peu au sud et l'on ne tarde pas à atteindre la commune de Tizi-Ouzou. Nous y étions à six heures et demie du soir, ayant fait en un seul jour, avec les mêmes chevaux, une course de 105 kilomètres.

Tizi-Ouzou signifie le *col des genêts épineux*. C'est, en effet, un col occupé par un village indigène, un village français et un fort. Le village indigène est sur la gauche, au pied d'une montagne; il possède une assez jolie mosquée; des sentiers bordés de cactus y conduisent; les Kabyles qui l'habitent fabriquent des bijoux grossiers d'une forme originale, et les offrent avec empressement aux voyageurs; toutes leurs terres sont séquestrées à cause de la part qu'ils ont prise à la révolte de 1871. Le village fran-

(1) *Souk-el-Djemâ* veut dire marché du vendredi.

çais borde les deux côtés de la route. Il comprend déjà plus de 400 habitants, bien qu'il ne date que de 1858. C'est un centre qui s'accroît beaucoup depuis deux ans. Les traces de la guerre ont disparu. La sécurité est complète. Les colonies alsaciennes se multiplient aux environs. Au mois de mai 1873, le col des Beni-Aïcha et Bordj-Menaïel avaient reçu quelques colons : Azib-Zamoun devait en recevoir au mois d'octobre dernier; deux villages nouveaux étaient préparés entre Azib-Zamoun et Tizi-Ouzou. Le bordj, ou fort, s'élève sur une hauteur, au midi, à gauche de la route. Il a été défendu avec énergie en 1871. A mon retour, le 30 mai, je le trouvai entouré de Kabyles qui venaient, d'après l'avis de l'autorité administrative, présenter leurs réclamations au sujet du séquestre.

De Tizi-Ouzou à Fort-National, il n'y a que 27 kilomètres; mais on met plus de trois heures à franchir cette distance, parce qu'il faut gravir des pentes très-rudes. On se rapproche d'abord du Sebaou, qu'on suit de très-près jusqu'au confluent de l'oued Aïssi, qui prend sa source au pied du Djurjura; on passe à gué cette dernière rivière et alors on tourne le dos à l'oued Sebaou et l'on se dirige au sud, puis au sud-est. Peu de temps après avoir changé de direction, on s'engage dans la montagne. Le terrain de la vallée est très-argileux; nous y avons remarqué deux tuileries-briqueteries où régnait une grande activité. Dans la vallée comme dans la montagne la végétation arborescente est superbe; mais elle est plus ramassée, plus continue, plus variée et plus pittoresque dans la montagne. Elle se compose essentiellement de figuiers, de frênes et d'oliviers, tous arbres utiles; car les figues et l'huile servent à la nourriture des hommes et les feuilles du frêne à celle des bestiaux. On ne saurait s'imaginer la beauté des figuiers qui couvrent les mamelons inférieurs : hauts de cime et amples de ramure, ils se déploient avec la même vigueur dans tous les sens, dressant hardiment certaines branches, allongeant les autres jusqu'à terre, où elles traînent parmi l'herbe et les blés. A mesure qu'on s'élève, ils deviennent moins nombreux, et les frênes dominent entremêlés de vignes grimpantes. Les Kabyles ne boivent pas de vin; ils ne demandent à la vigne que des raisins de table. Voilà pourquoi ils la laissent circuler capricieusement le long des arbres. Parmi les plantes sauvages, brille une sorte d'œillet d'un rose délicieux, le *Lychnis cœli-rosa.*

Aux approches du fort, le caractère du pays kabyle s'accentue davantage. Toutes les crêtes des montagnes, celles qu'on aperçoit au-dessous de la route et celles qui surgissent au-dessus, sont couronnées de petites maisons carrées très-régulières, serrées l'une contre l'autre, munies d'un toit en tuiles, construites en briques ou en pierres mal jointes blanchies à la chaux. Les moindres coins de terre, quelque périlleux qu'en soit l'accès, sont cultivés. Le Kabyle tire parti de tout ; au besoin, il se fait attacher par la ceinture et travaille ainsi au bord de l'abîme. Il y a peu d'hommes sur la route. Les hommes sont au travail ; beaucoup sont descendus dans la plaine pour la moisson. Les femmes restent au pays et s'éloignent peu de leur maison : on les voit aller à la fontaine ou en revenir, portant sur le dos de grandes amphores qui ressemblent grossièrement aux vases étrusques par leur forme, leur couleur rougeâtre et leurs dessins noirs. Contrairement à l'usage arabe, leur visage n'est pas voilé. Par ce trait et plusieurs autres, elles se rapprochent des femmes berbères du Sahara ; mais leurs costumes sont loin d'être aussi brillants. On ne rencontre pas de mendiants adultes. L'habitude de mendier est le triste privilége des enfants, qui en usent et en abusent, ce dont il n'y a pas lieu de s'étonner, car les écoles, en Kabylie, sont réservées aux fils de marabouts. A certains endroits, des petits garçons et des petites filles se montraient tout à coup, entouraient notre voiture et nous poursuivaient pendant quelques minutes de leurs cris aigus : « Oun sordo, mercanti, oun sordo (1). »

Fort-National est inférieur, comme altitude, à Batna et à Sétif; son point culminant se trouve à 961 mètres au-dessus de la mer ; son point le plus bas ne dépasse pas 900 mètres ; mais le plateau qu'il occupe est très-étroit, isolé par les dépressions considérables des sommets voisins : en réalité, il domine toute la zone moyenne des montagnes kabyles. Les pics du Djurjura sont à une distance de cinq ou six lieues à vol d'oiseau. L'emplacement pour une forteresse centrale est bien choisi. Les communications avec Dellys et Alger sont assurées par la route de Tizi-Ouzou. Il reste, pour compléter le réseau nécessaire, à percer une route au sud-ouest conduisant directement à Dra-el-Mizan et une autre à l'est menant à Bougie. La place a supporté

---

(1) *Mercanti* désigne non-seulement les marchands, mais toutes les personnes aisées qui ne sont ni militaires ni prêtres. C'est à peu près l'équivalent de notre mot « bourgeois ».

avec succès un siége de deux mois, du 17 avril au 16 juin 1871. Naturellement, la plus grande partie du plateau est consacrée aux ouvrages et aux édifices militaires. Cependant, il y a un certain nombre de maisons civiles et plusieurs auberges ; on compte, soit dans l'enceinte, soit dans la banlieue, 187 colons. Fort-National était, avant la conquête, un centre commercial. Les indigènes l'appelaient *Souk-el-Arba*, c'est-à-dire « marché du mercredi ; » le marché du mercredi subsiste toujours, seulement il n'est plus exclusivement kabyle.

La vue qu'on embrasse du sommet de la forteresse est très-étendue : elle comprend, quand le ciel est pur, les deux tiers de la grande Kabylie. Au sud se dresse la haute barrière du Djurjura avec ses plaques de neige, ses pics, ses dentelures, ses roches grises et sa vaste brèche au milieu. Au nord, par delà le Sebaou, une chaîne plus basse se montre à l'horizon et ses interstices permettent d'entrevoir la ligne de la mer. A l'est et à l'ouest se profile toute une série de montagnes verdoyantes entrecoupées par des vallées. A peu de distance du plateau, au bout des pentes qui descendent du côté du sud et de l'ouest, on suit de l'œil les sinuosités gracieuses du cours de l'Aïssi. Les effets de soleil couchant sont merveilleux. Au moment où les ombres s'allongent et envahissent les vallées, les villages qui couronnent les crêtes s'éclairent d'une lumière plus vive; peu à peu, ils pâlissent à leur tour, les sommets inférieurs s'obscurcissent l'un après l'autre; les cimes du Djurjura s'empourprent alors et reçoivent les derniers rayons du soleil, jusqu'à ce que la nuit s'étende partout, nuit transparente et étoilée, mais froide.

XVII.

MŒURS ET INSTITUTIONS KABYLES.

Différences entre les Kabyles et les Arabes. — Organisation politique et sociale des Kabyles. — Autonomie de la commune. — Pouvoirs de l'assemblée municipale ou djemâa. — Le droit pénal privé. — L'ousiga et la rekba. — L'ânaïa. — Développement du principe de l'association volontaire. — Les çofs. — La juridiction des marchés. — Les zaouïas de marabouts. — Les ordres de khouans. — Autorité restreinte du Coran. — Règlement des successions. — Liberté absolue des contrats. — Le prêt à intérêt. — La rahnia et l'antichrèse. — L'assistance publique et privée. — Bel exemple donné pendant la disette de 1867-68. — Le partage des viandes (timacheret). — Le délit de gloutonnerie (thaseglouth). — Prétendus excès de la démocratie. — Lacunes de la civilisation kabyle. — Traits essentiels de l'esprit kabyle. — Résultats de l'occupation française.

Plus on voit les Kabyles, plus on est frappé des différences qui existent entre eux et les Arabes. Ils ne sont ni cavaliers, ni nomades, ni pasteurs, mais, au contraire, piétons, sédentaires et agriculteurs, ou plutôt horticulteurs, car ils vivent principalement de leurs figuiers et de leurs oliviers. S'ils ne connaissent pas la grande industrie, ils pratiquent du moins avec zèle certains métiers : la fabrication des huiles et des tissus, la préparation des cuirs, la confection de la cire, la savonnerie, la poterie, la bijouterie, la teinture, l'art du forgeron, et, quand ils le peuvent, la fausse monnaie, qu'ils interdisent chez eux, mais qu'ils exportent sans scrupule au dehors. Leurs procédés sont grossiers ; leur habileté manuelle et leur énergie musculaire y suppléent dans une certaine mesure. La population, loin d'être clair-semée comme elle l'est dans la plaine du Chélif et sur les hauts plateaux, est, au contraire, très-dense. La Kabylie du Djurjura renferme 275 809 indigènes sur un espace de 365 904 hectares, ce qui donne une densité moyenne de 75 habitants par 100 hectares. Dans le cercle de Fort-National, la densité va même jusqu'à 118 habitants par 100 hectares, tandis qu'en France la moyenne est de 68.

La grande Kabylie est restée indépendante jusqu'en 1857. Ses mœurs et ses institutions, qu'elle a conservées si longtemps intactes, sont très-curieuses. Grâce au magnifique ouvrage de MM. Hanoteau et Letourneux, on les connaît aujourd'hui dans tous leurs détails (1). J'essaye-

(1) *La Kabylie et les coutumes kabyles*, 3 volumes grand in-8°, imprimés par l'imprimerie nationale, édités par Challamel, rue Bellechasse, 27.

rai, par un résumé rapide, d'en faire ressortir les traits caractéristiques.

L'idée d'une protection sociale assurée par un pouvoir indépendant de ceux qu'il gouverne, ou même trop éloigné d'eux, paraît absolument étrangère à l'esprit kabyle. La monarchie sous toutes ses formes, féodale, absolue, constitutionnelle, basée sur le plébiscite ou sur le droit divin, répugne aux montagnards du Djurjura. Le régime représentatif, qui permet d'unifier sans comprimer, ne les a pas séduits non plus. Ils ont rejeté toute espèce de pouvoir central. Ils ont connu et pratiqué souvent la confédération, mais le lien fédéral n'a été pour eux qu'un lien accidentel, temporaire, restreint à un petit nombre d'actes et n'embrassant presque jamais la totalité du pays. Ils n'ont su constituer ni une république unitaire, ni une fédération républicaine permanente ; ils ont simplement formé et groupé, les unes à côté des autres, de petites républiques souveraines. L'élément essentiel de leur organisation, c'est le village. L'assemblée du village, la *djemâa*, composée de tous les mâles majeurs, constate les coutumes, les réforme au besoin, les fait respecter, décide de la paix ou de la guerre, lève les impôts, en un mot légifère, gouverne, administre et juge ; quelquefois elle exécute elle-même, sans délégation intermédiaire, ses propres jugements.

L'autorité de la djemâa est contenue, contrariée ou complétée : 1º par le droit de l'individu et le droit de la famille ; 2º par l'institution de l'*ânaia*; 3º par l'association volontaire; 4º par la juridiction des marchés ; 5º par l'autorité religieuse.

Dans tous les pays il y a un certain nombre de libertés individuelles généralement reconnues qui limitent, d'une manière plus ou moins étroite, les attributions du pouvoir social. Ces libertés existent en Kabylie comme partout. Elles y sont même très-larges, et c'est là à coup sûr un signe de civilisation. Mais en dehors de ces libertés, il y a pour l'individu et pour la famille un droit qui est au contraire un vieux reste de l'état sauvage, c'est le droit de venger son honneur, le droit de punir. La famille exerce ce droit contre ses propres membres, quand il s'agit d'outrage aux mœurs. Elle l'exerce aussi contre l'étranger toutes les fois qu'il y a eu meurtre ou atteinte grave à l'honneur. Enfin l'individu lésé dans ses intérêts matériels peut, à titre de représailles, saisir un objet appartenant à son adversaire; quelquefois il saisit et retient comme otage son adversaire lui-même.

Le droit de saisie, l'*ousiga* n'est le plus souvent que le préliminaire d'un procès qui se vide en définitive devant la djemâa ou les arbitres désignés par elle. Il en est autrement de la *rekba*, qui est le droit de venger un meurtre. L'autorité du village s'efface ici complétement, le droit privé tient en échec le droit public, résultat d'autant plus déplorable que le droit pénal public est régi par des principes d'un ordre très-élevé, tempéré dans son application par un sentiment très-délicat des diverses nuances de la criminalité, tandis que le droit pénal privé est resté tel que l'ont fait les hommes des temps primitifs, brutal, absolu et atroce. L'homicide par imprudence, le meurtre commis par un fou, par un idiot, par un mineur, la mort causée par un animal domestique, créent la dette de sang tout aussi bien que l'assassinat avec préméditation; seulement le rachat de la dette est toléré, encouragé ou proscrit par l'opinion selon la gravité des circonstances (1).

(1) Le droit pénal public n'admet pas de crime ou délit sans intention coupable. Une fois l'intention coupable constatée, la peine est graduée d'après le fait extérieur; aucun fait, quelque minime qu'il soit, n'est innocenté : sortir de chez soi avec une arme, mettre en joue son adversaire, tirer un coup qui rate, autant de délits spécifiés et punis, même s'il n'y a pas eu meurtre

L'*ânaia* est née comme la rekba du sentiment de l'autonomie individuelle, combiné cette fois avec les passions les plus nobles et les plus généreuses. Elle est en quelque sorte la fleur de la civilisation kabyle. La rekba en est le venin. Celle-ci a pour mobile la haine, et pour but la vengeance ; l'autre a pour mobile l'amour et pour but la protection d'autrui. On appelle ânaïa la sauvegarde promise à une ou plusieurs personnes par un simple particulier, un village ou une communauté quelconque. Elle suppose d'une part confiance entière, de l'autre dévouement absolu. Sous peine d'infamie, le maître de l'ânaïa doit tenir sa promesse à tout prix, quelles que soient les pertes, quels que soient les risques ou les sacrifices qui en résultent. Le plus grand des crimes est de briser son ânaïa. La dernière des hontes est de la laisser briser par autrui. « L'â-

---

ou blessures. — Le lieu du délit, l'âge, le sexe des coupables, des victimes et des témoins sont des circonstances aggravantes ou atténuantes. — Les peines consistent presque toujours en amendes. La prison est inconnue, la peine de mort est rarement appliquée. Elle a lieu sous forme de lapidation ; cette forme atteste la solidarité de tous les membres du village dans l'acte répressif. Les autres peines sont : la cautérisation, l'abscission de la barbe, le bannissement, la confiscation, la démolition de la maison, le bris des tuiles, l'incendie des vêtements.

naïa, dit un poëte kabyle, est une montagne de feu, mais c'est sur elle qu'est notre honneur. » Ces paroles témoignent des luttes ardentes soulevées par l'institution même qui devait assurer la sécurité du pays. Il ne faut pas cependant méconnaître l'influence bienfaisante de l'ânaïa. Si elle n'a pas suffi pour pacifier le pays, elle a du moins ennobli les âmes; elle a de plus prévenu, par un prestige presque constant, des milliers de meurtres et de spoliations.

L'association volontaire est pratiquée en Kabylie sous les formes les plus diverses. Tantôt elle embrasse une ou plusieurs familles et s'applique à l'universalité des biens; elle prend alors les noms de *thakoudeli boukham*; les terres, les maisons, les capitaux, le travail, toutes les ressources individuelles sont mises en commun; l'homme le plus âgé dirige l'exploitation; la femme la plus âgée dirige le ménage; les produits sont distribués par portions égales, tant que dure l'association; si elle est dissoute, le partage se fait en proportion des apports. Tantôt elle est restreinte au contraire quant à son objet et quant aux personnes. Les propriétaires s'associent entre eux pour la culture de leurs terres. Le travailleur qui n'a que ses bras s'associe avec le propriétaire et reçoit le cinquième ou le tiers des récoltes; on l'appelle *khammès* en arabe, *akhammas* en kabyle. Quelquefois le travailleur apporte en outre la semence ou le bétail, ou les instruments agricoles, ou même une somme d'argent, et bien entendu il prend alors une part plus forte. On s'associe pour la culture des céréales, pour la culture des vergers, pour le greffage des arbres, pour une industrie ou un commerce quelconque. L'association relie entre eux des métiers différents : le cultivateur avec le forgeron ou le menuisier, le forgeron avec le bûcheron, le mécanicien avec le meunier. Les femmes s'associent pour élever des poules et des canards, les enfants pour chasser aux gluaux. C'est la règle générale pour les petites choses et pour les grandes. L'homme isolé est mal vu, sans influence, sans crédit. La responsabilité des associés est solidaire. Ce principe ne souffre aucune exception. Il n'y a jamais, comme chez nous, de responsabilité limitée.

L'association libre s'étend même aux affaires politiques, administratives et judiciaires. Parvenue à ce point extrême, elle devient une force perturbatrice, car elle crée un pouvoir rival de la djemâa. Ce n'est pas que les associations politiques doivent être nécessairement proscrites au point de vue de l'ordre social. L'exemple de l'Angleterre et des États-Unis prouve le contraire ; mais il faut qu'elles aient pour but le triomphe d'une idée ou d'un intérêt public et pour moyen la persuasion. Il n'en est pas ainsi des ligues kabyles qu'on désigne sous le nom de *çofs*. Le *çof* ne représente pas une opinion politique ou religieuse. Il groupe simplement des intérêts qu'il tend à faire prévaloir par tous les moyens possibles, fût-ce par les armes. Il prend à la lettre, ou peu s'en faut, le vieil adage kabyle : « Aide les tiens, qu'ils aient tort ou raison. » Il a sa hiérarchie, ses chefs, ses cadres, son budget. Il est du reste très-mobile et très-élastique. On ne peut changer de famille, ni de village, mais on change de çof volontiers. Le çof n'a rien de fixe ni dans le temps ni dans l'espace ; il n'a pas de terme défini, il n'a pas non plus de frontières naturelles ; il franchit l'enceinte du village, souvent celle de la tribu, quelquefois celle de la confédération ; ses adhérents peuvent se recruter d'un bout à l'autre du pays kabyle. Son intervention, mauvaise en principe, ne laisse pas d'être utile dans certaines circonstances, car elle protége les minorités des villages contre les majorités.

Dans un pays où le pouvoir central fait défaut, il a fallu créer un droit particulier pour les marchés où se rencontrent les membres de tant de tribus diverses. En principe, la tribu propriétaire du marché en a la police. Ce droit s'exerce par l'organe d'un personnage qui appartient à une famille puissante et fait partie d'un çof important. Le grand du marché (*amekkeran nes souk*) préside aux transactions, juge les délits et fait saisir les coupables. Mais de même qu'en face du droit pénal du village il y a la rekba, la justice régulière se trouve ici en conflit avec la justice sauvage des époques barbares. L'application de la *Lynch law* n'est pas moins fréquente dans les montagnes kabyles que dans les solitudes du *far west* américain. Plus d'une fois il arrive que la foule, témoin d'un délit, s'émeut avant que le juge ait pu prendre une décision, se précipite sur le délinquant, le lapide et l'enterre sous les pierres qui lui ont donné la mort.

L'autorité religieuse est indépendante du pouvoir civil, et comme elle se rattache par ses origines à l'influence, sinon à la domination arabe, elle est constituée d'une manière aristocratique. Elle se transmet héréditairement au sein d'un certain nombre de familles. Les prêtres ou marabouts (1) occupent avec leurs femmes et leurs en-

---

(1) Marabout vient de *mrabeth*, qui veut dire lié ; les marabouts sont des gens liés à Dieu.

fants des villages entiers qu'on appelle *zaouïas;* non-seulement ils accomplissent seuls les cérémonies religieuses, mais ils possèdent le monopole de l'instruction, monopole dont ils sont à la fois très-jaloux et très-peu soucieux, car ils ne se préoccupent ni d'agrandir le cercle fort étroit de leurs connaissances, ni d'augmenter le nombre bien petit de leurs élèves. A côté des marabouts, il y a les *khouans*, c'est-à-dire les membres des ordres religieux, qui ont acquis dans ces dernières années un développement considérable et qui ont joué, malheureusement pour nous, un rôle capital dans l'insurrection de 1871. Recrutés par des adhésions volontaires dans toutes les classes de la société, les ordres de khouans tendent à dominer les zaouïas des marabouts comme les çofs dominent les djemâas des villages. Leurs statuts rappellent ceux des jésuites : c'est l'abdication la plus complète de la personnalité humaine, une sorte de suicide moral qui anéantit la volonté, la raison, la conscience. Il est juste d'ajouter que le fanatisme des khouans ne met jamais en opposition le sentiment religieux et le sentiment politique ; il les exalte, les exaspère et les égare tous deux à la fois.

Les Kabyles professent la foi de l'islam, mais

dans les choses temporelles ils n'acceptent pas sans réserve l'autorité du Coran. J'en citerai deux exemples.

Le Coran accorde aux femmes des droits de succession qui s'appliquent aux biens meubles et aux immeubles. Les Kabyles ne veulent pas que la terre tombe en quenouille. Pour exclure les femmes, ils ont commencé par tourner le Coran. La part qui revenait aux femmes a reçu, par donation ou legs, le caractère de bien *habou*. Le bien habou est inaliénable et affecté à des usages pieux (sépulture, mosquée, école, etc.) ; la gestion et la transmission sont réglées par la volonté du donateur ou du testateur, et les dépenses pouvant être inférieures aux revenus, le bénéficiaire du habou se trouve à peu près dans la position d'un héritier grevé de substitution. Ce procédé avait l'inconvénient de multiplier les biens de main-morte, et dans une assemblée générale tenue vers 1750, comprenant une grande partie des tribus kabyles, il fut décidé que désormais les mâles seuls seraient héritiers.

Le second exemple concerne la liberté des contrats. Le Coran défend le prêt à intérêt, et par suite les contrats qui peuvent servir à déguiser l'usure. C'est le système établi au moyen âge par l'Église catholique, et qui a laissé plus d'une trace dans nos lois. Les coutumes kabyles permettent le prêt à intérêt, et sauf de rares exceptions s'abstiennent d'en limiter le taux. Elles ne gênent en rien, sous prétexte de protéger le faible, les rapports du débiteur avec le créancier, ni ceux des associés entre eux. Ainsi l'antichrèse, c'est-à-dire le droit pour le créancier de jouir d'une chose qui lui est remise à titre de garantie, est autorisée sans restriction sous le nom de *rahnia*, bien qu'elle soit interdite par la loi musulmane. Chez nous, l'antichrèse ne s'applique qu'aux immeubles; chez les Kabyles, elle porte à la fois sur les immeubles et sur les meubles. Chez nous, les fruits de l'immeuble remis en antichrèse doivent être imputés sur les intérêts d'abord, puis sur le capital de la dette; chez les Kabyles, les fruits représentent les intérêts seulement, quelle que soit leur importance, si cette disposition convient aux parties.

L'exemple du prêt à intérêt et de la rahnia nous montre un des traits les plus originaux des institutions kabyles : la liberté entière et le respect absolu des contrats. Ce trait est d'autant plus remarquable que la Kabylie est peut-être de tous les pays celui où domine le plus le principe de l'assistance mutuelle, non-seulement par la pratique de l'association volontaire, mais encore par l'intervention de la djemâa. Nulle part il n'existe plus de protection pour le pauvre, pour le fugitif, le voyageur, le malheureux victime de quelque accident ; nulle part peut-être les exigences de la communauté à l'égard des riches et des forts ne sont aussi grandes. Si une maison est incendiée, tous les membres du village contribuent à la rebâtir. Il y a une multitude de cas où l'on est tenu, sous peine d'amende, de prêter secours aux amis, aux voisins, aux simples passants qui se trouvent dans l'embarras. L'hospitalité est considérée comme un devoir impérieux qui pèse à la fois sur les individus et sur le village. Dans l'hiver terrible de 1867 à 1868, quand la famine décimait les populations arabes, des milliers de vagabonds vinrent chercher un refuge en Kabylie ; beaucoup succombèrent aux souffrances qu'ils avaient endurées ; tous furent accueillis et soignés fraternellement ; aucun d'eux ne mourut de faim sur le sol kabyle. Un pareil fait compense bien des abus.

Il est certain que le principe de l'assistance publique est poussé trop loin. Il en résulte une indulgence excessive pour la mendicité et sans doute un certain affaiblissement de l'activité personnelle. Cependant, il ne faut pas exagérer l'importance de ces abus, ni croire que les Kabyles aient versé dans le communisme. On leur reproche les achats de viande faits en commun avec le produit des amendes et suivis d'un partage égal entre tous les membres du village, ce qu'ils appellent le *timacheret*, et l'on ne songe pas à toutes ces bombances officielles qui se font chez nous avec les deniers publics. La viande est rare dans leur pays. Ils se font une fête d'en manger tous ensemble à certains jours, comme nous nous faisons une fête de jouir d'un feu d'artifice payé parle budget municipal ou national. Égorger un animal d'une manière clandestine et le consommer solitairement leur paraît être un acte coupable; ils le qualifient de gloutonnerie (*thaseglouth*) et le punissent d'une amende. Cela nous paraît étrange; mais nos lois restrictives en matière de contrats, nos délits de réunion et d'associations illicites doivent les étonner à leur tour singulièrement. Le droit d'être glouton à l'aise est un droit respectable sans doute, puisqu'il touche à la liberté du foyer domestique, à condition toutefois qu'on ne lui sacrifie pas tous les autres; et ce sacrifice, hélas! bien des gens qui prétendent défendre l'ordre moral, seraient disposés à le faire pour ne pas être troublés dans leurs jouissances égoïstes.

En somme, je ne vois pas que l'indépendance personnelle ait été étouffée en Kabylie par le régime démocratique (1). La démocratie n'est pas la cause des vices inhérents à la civilisation kabyle. Quels sont ces vices? — La rekba? C'est un vieux reste de droit sauvage, qui subsiste en Corse, malgré les instincts impérialistes de ses habitants; or, l'empire est à la démocratie ce que la fausse monnaie est à la monnaie de bon aloi. — La condition des femmes? Elle est, en effet, honteusement inférieure à celle des hommes. On achète la femme. On la possède à peu près comme une esclave. Elle peut être répudiée et n'a pas elle-même le droit de répudiation. Si la polygamie n'est pas pratiquée, en principe elle est permise et l'obstacle qui l'empêche de se développer n'est pas dans la loi, il consiste purement et simplement dans l'absence de grandes fortunes. Mais les mêmes mœurs se rencontrent dans une foule de sociétés aristocratiques ou monarchiques et ici la femme a un droit qu'on lui accorde rarement dans les pays où elle est rigoureusement assujettie, elle a le droit de fuite ou plutôt, pour employer l'expression kabyle, elle

(1) Voyez en sens contraire l'article de M. Renan dans la *Revue des deux mondes,* livraison du 1ᵉʳ septembre 1873.

a le droit d'insurrection; devenue *thamenafekt* (insurgée), elle jouit auprès de ses parents dans une mesure assez étroite, il est vrai, d'une certaine indépendance. — L'insignifiance ou la nullité de la culture scientifique, artistique et littéraire? C'est là encore une lacune évidente et déplorable; mais précisément, il se trouve que les choses intellectuelles sont restées en dehors des influences démocratiques; elles ont été confiées à une caste, et le rêve que certains esprits dédaigneux de la foule caressent avec amour, la constitution de colléges où se concentre le mouvement de l'esprit humain à l'abri des passions du vulgaire (*Edita doctrina sapientûm templa serena*), ce rêve a été réalisé par les zaouïas de marabouts. — L'absence de pouvoir central? Au point de vue politique, c'est le vice le plus grave des institutions kabyles. On peut avec raison l'opposer aux partisans du gouvernement direct du peuple par lui-même. Il serait excessif d'en conclure que la démocratie est incapable de créer un pouvoir central sur un territoire étendu. Elle le peut au moyen du régime représentatif et si elle n'a pas tenté de le faire en Kabylie, nous savons avec quel succès elle l'a fait en Suisse et en Amérique.

Laissons donc de côté les prétendus excès de

la démocratie et voyons les choses telles qu'elles sont. Remarquable à beaucoup d'égards, la race kabyle a l'esprit positif, le beau ne la séduit pas ; elle est peu disposée à abstraire et à généraliser ; elle n'a ni le goût de la science pure, ni le sentiment de l'idéal ; elle ne connaît ni les hautes aspirations religieuses, ni les profondes spéculations philosophiques. Elle est travailleuse, mais il faut qu'elle voie le résultat immédiat de son travail et elle ne sait pas parer son œuvre. Au propre et au figuré elle sent l'huile. Isolée et resserrée derrière ses montagnes, rencontrant au delà de ses frontières des puissances hostiles, elle a eu peu de contact avec les autres peuples. Très-hospitalière chez elle, elle traite au dehors l'étranger comme un ennemi qu'on peut sans scrupule exploiter par le pillage, par le vol, par la fraude, par la fausse monnaie. Elle a sur son propre territoire le sentiment le plus vif de la solidarité humaine uni au respect de la liberté personnelle, mais ce sentiment s'évanouit dès que les limites du sol natal sont franchies.

Aujourd'hui cette race n'est plus maîtresse d'elle-même. La conquête de 1857 lui a enlevé une partie de ses institutions. L'insurrection de 1871 lui a fait perdre une partie de ses terres. Des colonies françaises sont installées au sein de ses tribus. Des routes carrossables déjà achevées ou en cours d'exécution traversent ses montagnes. La rekba a été abolie. Les exécutions sommaires sur les marchés sont interdites. Les ateliers de fausse monnaie et les asiles de recéleurs sont fermés. L'ânaïa privé et local est remplacé par l'ânaïa général de l'autorité civile ou militaire. Tous les crimes ou délits graves sont jugés par nos tribunaux d'après notre code pénal. La juridiction de la djemâa subsiste pour les délits de peu d'importance et les simples contraventions. La djemâa conserve ses pouvoirs administratifs dans la limite des intérêts locaux sous le contrôle des fonctionnaires français. Elle choisit comme autrefois son maire, l'*amin*, et les amins des villages élisent les chefs de tribu, l'*amin el oumena*; mais ces choix doivent être ratifiés par l'autorité supérieure. Le droit civil kabyle reste intact quant au statut personnel; mais quant au statut réel il a été gravement et heureusement modifié par le décret du 30 octobre 1858 qui ne reconnaît pas l'inaliénabilité des biens *habous*, et surtout par la loi du 26 juillet 1873, qui soumet aux règles de la loi française l'établissement, la conservation et la transmission contractuelle de la propriété immobilière.

On n'a pas voulu détruire les ordres de khouans. On a essayé vainement de dissoudre les çofs. Les uns et les autres nous ont fait le plus grand mal en 1871. Les çofs ne disparaîtront, je crois, jamais complètement. Ils pourront seulement devenir moins redoutables. Quant aux ordres de khouans, leur prestige a dû être diminué par l'insuccès des tentatives insurrectionnelles inspirées par eux. Il le serait bien plus encore si nous ne donnions pas nous-mêmes l'exemple de ces congrégations religieuses où le fanatisme s'échauffe et devient un danger permanent pour l'ordre social. Nous ne demandons pas qu'on les proscrive, mais que du moins on ne les favorise pas, qu'elles soient soumises comme toutes les autres associations à l'empire du droit commun. Le développement de l'instruction, la connaissance de nos procédés industriels, l'ouverture de débouchés nouveaux, l'extension des relations commerciales, le perfectionnement des voies de transport, le maintien des libertés municipales et des libertés économiques, l'avantage d'une sécurité plus grande, doivent peu à peu rapprocher de nous les Kabyles et les consoler de la perte de leur indépendance politique.

XVIII

COUP D'ŒIL RÉTROSPECTIF.

Retour en France. — Résumé des observations faites en Algérie. — Beauté du pays. — Richesses naturelles. — Importance de l'œuvre coloniale. — Optimisme du voyageur. — Nécessité de contrôler les impressions personnelles par les documents statistiques.

Le 4 juin, je m'embarquai à Alger sur un des bateaux de la compagnie Valéry qui font le service des transports de l'État, bien qu'ils ne vaillent pas, selon moi, ceux des Messageries, et je revins en France enchanté de mon voyage; la vue directe des choses algériennes, les conversations avec les Algériens avaient dissipé mes doutes, précisé mes idées, éclairci les points qui jusque-là m'avaient paru obscurs. Je demeurai convaincu que nous avions là sur le bord méridional de la Méditerranée, une colonie précieuse qui a traversé des phases pénibles et qui n'est peut-être pas encore au bout de ses épreuves, mais qui est déjà en voie de prospérité, prête à prendre un essor considérable, si on ne méconnaît pas les conditions nécessaires de son développement. L'étude des documents officiels et des ouvrages écrits par les personnes les plus compétentes n'a fait que confirmer en moi cette conviction. J'essaierai, en résumant mes notes, de la faire passer dans l'esprit du lecteur.

Je n'ai pas la prétention d'avoir vu le pays tout entier; bien peu, parmi ceux même qui l'habitent, le connaissent d'une manière complète; mais je crois avoir vu un spécimen de chaque région; j'ai visité une partie du Sahara, une partie des hauts plateaux, la plus grande partie du Tell. J'ai eu le regret de négliger quelques villes importantes telles que Mascara, Cherchell, Aumale et Bône. Malgré ces lacunes, l'impression générale que j'ai recueillie résulte d'un ensemble d'observations assez étendu pour me permettre d'affirmer que l'Algérie est, au point de vue pittoresque, une des plus belles contrées qu'on puisse explorer, et, au point de vue économique, une des plus riches.

Les touristes qui parcourent nos possessions du nord de l'Afrique, surtout les touristes français, sont trop peu nombreux. Une excursion en Algérie devrait être pour un Français le complément naturel d'une éducation libérale et patriotique. Que de jeunes gens qui dépensent à des plaisirs futiles leur temps et leur argent, trouveraient ainsi l'occasion de satisfaire la curiosité qui les aiguillonne, le besoin d'activité, de distraction, d'émotion qui les tourmente! Ils seraient amplement récompensés de leur peine. L'Algérie a un grand charme même pour les hommes d'un âge mûr qui, la voyant pour la première fois, peuvent la comparer à d'autres pays parcourus dans les années de leur jeunesse, quand ils jouissaient de la plénitude de leur force. La ville et la baie d'Alger, le jardin d'essai, les orangeries de Blidah, les gorges de la Chiffa, le tombeau de la Chrétienne, le ravin de Misserghin, la plaine des Andalouses, les mosquées et les bois d'oliviers de Tlemcen, les cascades de l'Isser occidental et du Safsaf, les forêts de thuyas dans la province d'Oran et les forêts de chênes-liéges dans la province de Constantine, les voûtes et les chutes du Rummel, le Medracen, les ruines de Lambèse, les cèdres de Belezma, les steppes des hauts plateaux, le défilé d'El Kantara, le désert, les oasis de palmiers, le Châbet el Akra dans la chaîne du grand Babor, les bois de frênes du golfe de Bougie entrelacés de vignes et de rosiers, les cimes du Djurjura se dressant en face du Fort

National, voilà toute une série de scènes tour à tour grandioses ou gracieuses qui saisissent vivement l'imagination et laissent des souvenirs durables. Qu'on y ajoute l'éclat de la lumière sous une latitude variant du 37ᵉ au 32ᵉ degré, le contraste piquant des types, des costumes et des mœurs, l'intérêt d'une faune et d'une flore sensiblement différentes des nôtres, les délices d'un climat un peu âpre mais vivifiant sur les hauts plateaux, d'une douceur infinie pendant huit mois de l'année le long des côtes, et l'on comprendra l'attrait d'un pareil voyage.

Il est impossible, quand on parcourt le pays, de ne pas être frappé de sa beauté et en même temps de ses ressources naturelles. Que de plaines fertiles en céréales ou susceptibles de le devenir par le défrichement s'étendent soit au pied des montagnes et à un niveau peu élevé au-dessus de la mer, comme la plaine des Andalouses, celles de la Mina et du Chélif et la fameuse Mitidja, soit sur les hauts plateaux comme la Medjana et les plaines qui avoisinent Sétif et Constantine! Que de collines et de ravins où les arbres à fruits les plus productifs, figuiers, oliviers, grenadiers, orangers et citronniers peuvent prospérer! Que de forêts formées d'essences rares propres aux industries de luxe hérissent les flancs de l'Atlas et des massifs méditerranéens qui s'en détachent! Combien d'autres plus nombreuses fournissent des produits plus communs d'une utilité incontestable et d'un débit assuré! Les mines de cuivre et de fer ne manquent pas, il y en a plus de vingt en exploitation et de nouvelles ont été récemment découvertes. Plusieurs carrières donnent des marbres de premier ordre. Les steppes eux-mêmes, malgré leur aridité, présentent d'immenses espaces couverts d'herbe au printemps et où pousse cette plante si dédaignée autrefois, si recherchée aujourd'hui, qu'on appelle l'alfa. La richesse se retrouve jusqu'au sein du Sahara, où des milliers de palmiers fournissent des millions de dattes.

Quel parti la civilisation européenne implantée par nos armes il y a quarante-quatre ans a-t-elle tiré de ces ressources? De grands efforts ont été faits, souvent mal dirigés; les résultats obtenus ne répondent pas encore aux sacrifices accomplis; tels qu'ils sont cependant, il serait injuste de les dédaigner. Précisons ces résultats par des chiffres. Le voyageur est quelquefois enclin à trop d'optimisme : la sécurité dont il jouit est si complète qu'il oublie facilement les insurrections qui viennent de temps en temps la troubler; il circule presque partout sans difficulté; il rencontre dans les moindres endroits des hôtelleries convenables; il traverse rapidement les vastes espaces à demi incultes occupés par les Arabes; il aperçoit à peine les gourbis sombres et bas, les tentes grises des indigènes; il s'arrête volontiers là où la colonisation a pris racine; il admire les villages, les fermes, les cultures, les vergers, les maisons de campagne des Européens; les plantations d'eucalyptus lui paraissent une chose merveilleuse; il voit avec quel empressement les indigènes profitent de nos moyens de transport; on lui raconte l'histoire des marais desséchés, des puits forés, des barrages construits pour faciliter l'irrigation; il est tout étonné de pouvoir franchir de si grandes distances en chemin de fer ou en voiture; les quais, les places et les promenades de certaines villes lui semblent dignes des pays les plus civilisés; bien des choses défectueuses le choquent çà et là, il les constate et il en souffre presque toujours personnellement, mais en somme il a une haute idée de l'œuvre coloniale et du rôle que jouent les colons en Algérie. Les documents statistiques, sans contredire absolument cet optimisme, le tempèrent sur quelques points.

XIX

DÉVELOPPEMENT MATÉRIEL ET MORAL DE L'ALGÉRIE.

Importations. — Exportations. — Navigation. — Escomptes de la banque. — Travaux publics. — Ports, phares, routes et chemins de fer. — Enseignement supérieur. — Enseignement secondaire. — Enseignement primaire.

En 1830, le commerce de l'Algérie avec la France et les puissances étrangères était de 6 500 000 fr. à l'importation et de 1 500 000 fr. à l'exportation. Pendant les dix-huit années qui s'écoulent de 1831 à 1848, l'importation, stimulée surtout par les besoins de l'armée française, augmente dans des proportions énormes; elle s'élève, en 1846, jusqu'à 106 700 000 fr., et, en 1848, après avoir baissé un peu, elle reste à 32 500 000 francs. L'exportation la suit d'un pas bien inégal; son plus haut chiffre est de 5 100 000 francs en 1847; en 1848 elle redescend à 3 400 000 francs. A partir de 1849, le caractère du mouvement commercial se modifie de la manière la plus heureuse; d'une part l'importation augmente sans être influencée par l'effectif de l'armée qui se trouve réduit d'une vingtaine de mille hommes; d'autre part l'exportation accélère singulièrement sa marche. L'importation, avec une armée de 88,000 hommes, était en 1848 de 82 millions et demi; en 1866, avec une armée de 45 000 hommes, elle s'élève à 179 millions. Quant à l'exportation, elle monte dès 1849 à 8 millions et arrive en 1860 à 92 700 000 fr. La moyenne de 1867 à 1872 est pour l'importation de 188 millions et pour l'exportation de 118 657 000 francs. Les chiffres de 1872 dépassent encore cette moyenne. Ils donnent pour l'importation 197 044 977 fr., et pour l'exportation 164 603 634 francs; le total est de 361 648 611 francs.

On voit que le commerce algérien par suite de l'occupation française, est aujourd'hui 55 fois plus considérable qu'il n'était sous le gouvernement des Turcs. Si l'on s'attache au chiffre de l'exportation qui exprime plus nettement les forces productives du pays, ce n'est plus par 55, c'est par 109 qu'il faut multiplier la valeur ancienne pour la porter au niveau de la valeur actuelle. Une comparaison fera ressortir encore mieux l'importance de cette marche progressive. Les colonies australiennes sont peut-être, de toutes les colonies modernes, celles qui ont pris le développement le plus rapide. Eh bien, leurs exportations (abstraction faite des métaux précieux) étaient en 1851 de 4 millions de livres sterling; en 1870 elles montaient à 28 millions. Dans la même période, les exportations algériennes ont passé de 16 millions de francs à 124 millions; la proportion est de 700 pour 100 dans le premier cas, de 775 dans le second.

Les chiffres que nous avons cités sont ceux du commerce général. La part de la France, sur 361 millions, est de 261, dont 120 pour les expéditions d'Algérie en France et 141 pour celles de France en Algérie. Les principaux objets de ce commerce sont : d'une part, les céréales, l'alfa, le crin végétal (1), la laine, les moutons, le tabac et les peaux brutes; d'autre part, les tissus de coton, de laine, de chanvre et de soie (67 millions en 1871), les vins et spiritueux, les sucres, les cafés et les savons. Il est curieux de suivre le mouvement de certains produits depuis vingt ans. En 1852, on exporte 293 872 quintaux de blé; 1 026 821 en 1855, c'est le *maximum*; 49 924 en 1867, c'est le *minimum*;

(1) Le crin végétal est fabriqué avec les fibres des palmiers nains.

651 853 en 1871, et 915 111 en 1872. L'exportation des moutons reste au-dessous de 100 000 têtes jusqu'en 1863; à partir de 1863 le mouvement ascensionnel est très-marqué : on arrive à 310 914 têtes en 1871 et 655 642 en 1872. L'alfa donne d'abord seulement quelques centaines de tonnes; en 1861 il atteint le chiffre de 1336; en 1869, il monte à 5300; en 1870 à 43 217; en 1871 à 60 943 et, en 1872, il redescend à 44 007. Le crin végétal, par une progression presque uniforme, passe de 158 tonnes en 1853 à 4252 en 1871 et 9011 en 1872 (1).

Le progrès de la navigation accompagne naturellement le progrès du commerce. En 1855 le tonnage des navires français chargés ou déchargés dans les ports algériens était de 396 849; en 1865 il dépasse le chiffre de 500 000 et en 1872 il va presque jusqu'au million (945 278 tonneaux). Le tonnage des navires étrangers était de 432 000 t. en 1871. L'ensemble forme un total de 1400 à 1500 mille tonneaux, c'est-à-dire environ le huitième de la navigation dans tous les ports de France.

Les escomptes de la banque attestent d'une

(1) Ces chiffres sont extraits des tableaux dressés par M. Paul Blanc.

manière éloquente l'accroissement continu des affaires commerciales. La banque de l'Algérie fut fondée sous la seconde république, au mois d'août 1851. Les escomptes du premier exercice (1851-52) portèrent sur une somme totale de 8 755 964 fr. Dix ans après, ils montaient à plus de 68 millions. En 1872, ils s'élèvent à 203 288 351 francs. La moyenne des quatre années précédentes est de 135 millions.

Je n'entrerai pas dans le détail de tous les travaux publics qui ont été faits pour faciliter la navigation et les transports. Ces travaux sont insuffisants si l'on tient compte de l'étendue et des besoins du pays. Ils sont énormes si l'on se reporte au point de départ. Sauf Mers-el-Kebir, il n'y avait guère sur les côtes, en 1830, que des rades foraines ouvertes aux terribles vents du nord-ouest. Aujourd'hui, le port de Philippeville est à peu près achevé, et le port d'Alger, avec sa double jetée, son quai circulaire, ses docks souterrains, est un des plus beaux qu'il y ait au monde. Plus de trente phares ont été allumés là où jadis régnait une obscurité profonde, pleine de périls pour les navigateurs. A l'intérieur, les routes carrossables étaient inconnues. Aujourd'hui, grâce aux travaux de l'armée d'abord et aux soins des administrations civiles ensuite, le réseau de ces routes comprend environ 6500 kilomètres en dehors des chemins ruraux et des chemins vicinaux de petite communication. Il y a même 530 kilomètres de chemins de fer en exploitation. Une nouvelle ligne vient d'être concédée par le gouverneur Chanzy. Elle partira d'Arzew, entre Mostaganem et Oran, et aboutira à Saïda, sur la limite de la région saharienne. Les concessionnaires ont sollicité et obtenu, à titre de subventions, 300 000 hectares de terrains à alfa.

La vitalité de la colonisation ne se manifeste pas moins au point de vue moral qu'au point de vue matériel. La statistique des écoles est sous ce rapport bien significative. L'enseignement supérieur n'est représenté que par une école de médecine et deux chaires d'arabe. C'est là une grande lacune qui devrait être comblée le plus tôt possible : il y a, dans l'intérêt de la haute science, bien des recherches à poursuivre sur le sol algérien pour les jurisconsultes, les économistes, les philologues, les historiens, comme pour les naturalistes et les médecins. L'enseignement secondaire se présente heureusement dans de meilleures conditions. Il existe à Alger un lycée. Les villes d'Oran, de Tlemcen, Mostaganem, Milianah, Constantine, Bône,

Philippeville et Sétif possèdent chacune un collége. Le lycée et les huit colléges algériens sont fréquentés par 2200 élèves, dont 155 musulmans, c'est-à-dire par 70 élèves sur 10 000 Européens. En France, la proportion est seulement de 17 sur 10 000. L'enseignement primaire est encore plus remarquable. On peut le comparer, sinon pour l'importance des matières enseignées, du moins pour la fréquentation des élèves, ce qui est déjà beaucoup, à l'enseignement primaire des États-Unis. Il y a 618 écoles, 1200 instituteurs ou institutrices et 59 000 élèves des deux sexes, c'est-à-dire un élève par cinq habitants non musulmans; dans la grande république américaine la proportion est la même; en Allemagne et en Suisse elle est de un sur six, en France de un sur neuf. Les enfants des deux sexes sont à peu près en nombre égal dans les écoles. En France, le nombre des filles est inférieur de moitié au nombre des garçons. Toutes les communes, sauf deux, sont pourvues d'écoles. La gratuité est complète et s'étend presque toujours aux fournitures classiques. Dans les dix dernières années la population scolaire a doublé et le nombre des écoles s'est accru de 142; 67 écoles nouvelles, dont 57 publiques et 10 libres, ont été créées du 1ᵉʳ août 1872 au 31 juillet 1873. L'état de ces écoles n'est pas toujours satisfaisant, beaucoup réclament des améliorations; mais, quelque réserve qu'on fasse sur ce point, il n'en est pas moins vrai que l'Algérie nous donne en fait d'instruction primaire un exemple qui mériterait d'être suivi par la métropole.

XX

POPULATION.

Tableau de la population en 1872. — Recensements antérieurs. — Décadence de la race indigène. — Accroissement insuffisant de l'élément européen. — Étendue du territoire. — Communauté d'intérêts entre les européens et les indigènes.

J'aborde maintenant un ordre de faits qui nous montrera par ses côtés faibles notre colonie d'Afrique. Je veux parler de la population et du budget.

Voici le tableau de la population algérienne, d'après le dernier recensement fait en 1872 :

Musulmans...	2.123.045
Israélites naturalisés...	34.574
Total des indigènes..	2.157.619
Français...	129.601
Espagnols...	71.366
Italiens...	18.351
Maltais...	11.512
Allemands...	4.933
Autres nationalités...	9.354
Total des européens..	245.117

Indigènes....................	2.157.619
Européens....................	245.117
Population en bloc............	11.482
Total général..	2.414.218

Ce tableau ne comprend ni l'armée (environ 70 000 hommes) ni la population flottante qu'il ne faut pas confondre avec la population en bloc. La population flottante se compose des voyageurs qui séjournent plus ou moins longtemps sans se fixer. Les mots de « population en bloc » désignent les individus qui habitent le pays, mais qui n'ont point de domicile privé, ou en ont un instable et dont les noms sont relevés sur les listes des prisons, des hospices, des séminaires, des chantiers publics, etc.

Si l'on se reporte au recensement de 1866, on trouve que la population totale était alors de 2 921 606 habitants, dont 2 629 620 musulmans, 217 990 Européens et parmi ces derniers 122 119 Français. Ainsi, dans l'espace de six ans, la population musulmane a perdu près d'un cinquième de ses membres (506 575); la population européenne au contraire s'est accrue d'un huitième (27 127 habitants en plus) : les Français figurent dans cette augmentation pour un chiffre relativement inférieur (7482);

leur accroissement n'a été que d'un seizième.

En remontant à 1861, on reconnaît que la décadence de la population indigène est antérieure à 1866. Il y avait en 1861, d'après les évaluations des bureaux arabes, 2 765 139 musulmans, contre 192 646 Européens dont 112 229 Français. Dans l'espace de cinq ans, de 1861 à 1866, la population musulmane avait perdu 135 519 âmes; les Européens en avaient gagné 25 244 et les Français 9890.

Au delà, nous ne trouvons plus que les chiffres relatifs à la population européenne qui s'élève successivement de 3228 habitants en 1831, à 4858 en 1832, 35 727 en 1841, 124 401 en 1852 (dont 69 980 Français et 54 421 étrangers), 159 282 en 1856.

Deux faits ressortent de cette série de chiffres : 1° la diminution de la race indigène, diminution sensible déjà de 1861 à 1866, énorme et véritablement monstrueuse de 1866 à 1872 ; 2° l'accroissement constant de l'élément européen, accroissement plus rapide pour les étrangers que pour les Français ; cet accroissement a été dans les vingt dernières années de 97 pour 100. Aux États-Unis où il semble si considérable, il n'a pas dépassé 66 pour 100 de 1850 à 1870. En Australie, par contre, il a été, dans l'espace de vingt et un ans (1850-1870), de 278 pour 100.

Malgré ce double mouvement en sens inverse, l'élément européen comparé à l'élément indigène, est encore dans une proportion très-faible; il représente seulement un peu plus du dixième de la population totale.

L'étendue du territoire comporte évidemment une population plus dense. Aux États-Unis, il y a environ 19 hectares pour un habitant; en France, un peu moins de 1 1/2 ; en Algérie 17 1/2 si on ajoute au Tell la région saharienne et un peu plus de 7 si on ne tient compte que du Tell, qui renferme environ 2 millions d'habitants répartis sur un espace de 14 millions 400 mille hectares. Le Tell peuplé comme la France, renfermerait plus de neuf millions et demi d'habitants. Il n'est donc pas nécessaire, pour faire place aux Européens, que la race indigène s'éteigne; l'humanité nous commande de ralentir autant qu'il dépend de nous cette décroissance, et en même temps nous devons tendre à augmenter l'immigration européenne. Nous verrons du reste que les intérêts des indigènes et ceux des colons ne sont pas aussi divergents qu'on est disposé à le croire. Les mêmes moyens serviront à résoudre le double problème posé devant nous :

mais avant d'examiner ces moyens, nous dirons quelques mots du budget, parce que la question du budget se rattache d'une manière intime à celle de la population.

XXI

BUDGETS

Recettes ordinaires, prévues et réglées, de 1862 à 1867. — Recettes prévues de 1868 à 1874. — Dépenses ordinaires de 1862 à 1874. — Dépenses inscrites au budget de la métropole. — Dépenses et recettes extraordinaires. — Comment équilibrer le budget algérien. — Ressource médiocre des économies. — Possibilité d'augmenter les recettes. — Distinction entre les impôts français et les impôts arabes. — Part contributive des européens et des indigènes.

De 1862 à 1867, les recettes ordinaires et spéciales prévues au budget donnent une moyenne annuelle d'un peu plus de 19 millions, les recettes réelles constatées par le règlement définitif du budget atteignent à peine 17 millions et demi. La différence est de 1 600 000 francs en chiffres ronds. C'est déjà un fait grave, mais le pire, c'est que les recettes réelles vont toujours en déclinant : de 18 712 000 francs en 1862, elles tombent à 15 672 000 en 1867.

Le dernier budget réglé étant celui de 1868, à partir de 1868 nous ne connaissons pas les recettes réellement effectuées; les recettes prévues au budget jusques et y compris celles de 1874, montent à 127 157 000 francs, ce qui donne une moyenne annuelle de 18 165 000 francs, moyenne inférieure à celle de la période précédente. Il est vrai que les évaluations budgétaires, après avoir baissé en 1869 au-dessous de 18 millions, puis en 1870 et 1871 au-dessous de 17 millions, se sont relevées dans les années suivantes et atteignent aujourd'hui le chiffre de 20 766 000 francs. Il y aurait donc un progrès notable, s'il n'était à craindre que les recettes réelles ne soient comme toujours inférieures aux évaluations.

Voyons maintenant les dépenses. Les dépenses ordinaires et spéciales effectuées de 1862 à 1867 montent à 121 457 000 francs, ce qui donne une moyenne annuelle de 20 242 000 francs (1). Cette moyenne dépasse de près de 3 millions celle des recettes. Les dépenses prévues au budget des sept années suivantes (1868-1874) s'élèvent à 154 millions, soit 22 millions par an. La différence entre les recettes et les dépenses

---

(1) Je comprends dans les dépenses ordinaires un certain nombre de dépenses qualifiées à tort d'extraordinaires par les documents officiels, dépenses parfaitement normales et périodiques.

dans cette période atteint presque le chiffre de 4 millions; elle est un peu moins grande, mais considérable encore, si l'on s'arrête au dernier budget, celui de 1874 : on trouve en effet que les recettes prévues (20 766 185 francs), sont inférieures de 2 319 334 francs aux dépenses (23 085 519).

Pour avoir une idée complète du déficit que présente régulièrement le budget algérien, il faut ajouter qu'un grand nombre de dépenses relatives à l'Algérie ne sont pas inscrites à part et figurent au budget de divers ministères (instruction publique, culte, justice, finances), confondues avec les dépenses métropolitaines. Ces dépenses, évaluées en 1865 à 3 060 000 francs, montent aujourd'hui à 4 652 000 francs. Le déficit total est donc d'environ 7 millions.

Les dépenses extraordinaires motivées par les sécheresses, les invasions de sauterelles, les incendies de forêts, les disettes, les insurrections, ou par la nécessité de développer plus rapidement les travaux publics et la colonisation, représentent une somme d'environ 90 millions. Par contre, les recettes extraordinaires comprennent 66 666 000 francs fournis par la société algérienne de 1867 à 1870 et 35 millions levés sur les tribus rebelles en 1871 et 1872 dont

18 millions ont été remis aux colons à titre d'indemnité et 17 millions versés au trésor. Ainsi les recettes extraordinaires ont dépassé de 11 millions les dépenses extraordinaires, mais le déficit des budgets ordinaires s'élevant à 46 millions et les dépenses non inscrites au budget algérien montant à une somme d'environ 92 millions, la métropole a dû ajouter pour équilibrer les finances coloniales de 1862 à 1874 une somme de 127 millions.

C'est là, il faut en convenir, une situation déplorable qui provoque de légitimes inquiétudes, d'autant plus que les ressources des trois départements algériens et celles de beaucoup de communes sont reconnues insuffisantes. Pour l'améliorer, on ne peut pas compter sur les économies. On pourrait peut-être retrancher quelques dépenses de luxe, quelques sinécures, réduire les frais d'hospitalisation qui deviennent de plus en plus envahissants et, par leur excès, tendent à créer des habitudes pernicieuses, mais il y a tant de services en souffrance qui réclament des augmentations! Ces économies, bonnes en elles-mêmes, seraient bien vite absorbées par de nouvelles dépenses. Une réforme plus efficace consisterait à laisser les cultes libres comme en Amérique, sans aucune subvention.

Malheureusement, l'état des esprits en France, et l'on peut dire dans notre vieille Europe toute entière, y compris même la Suisse, est tel qu'on ne peut guère espérer une pareille réforme à bref délai. Ne pouvant diminuer d'une manière notable les dépenses, il reste à augmenter les recettes.

Les recettes, d'après leur source, se divisent en deux groupes : impôts arabes et impôts français. Les premiers forment à peu près un quart du total (5 millions), les seconds forment les trois quarts (15 millions).

Les impôts d'origine française se composent du timbre, de l'enregistrement et des droits domaniaux (environ 5 à 6 millions), des douanes (2 millions et demi), des postes (1 200 000 francs), des patentes et du produit de droits divers (5 300 000). Les indigènes, par leur consommation et leur genre de vie, participent peu à ces impôts. Pour la répartition de l'octroi de mer, qui alimente le budget des communes, leur part contributive a été évaluée au dixième de la part d'un Européen. En prenant cette évaluation pour base du calcul, on trouve que sur un produit de 15 millions, ils ne fournissent que 7 millions, ce qui fait 3 fr. 50 c. par tête, tandis que les Européens donnent 8 millions, soit 32 fr. par tête.

Il est vrai que les indigènes payent seuls l'impôt arabe. Or, l'impôt arabe monte à plus de 10 millions ; une moitié seulement est attribuée à l'État ; l'autre profite au budget des départements algériens et d'une manière indirecte à l'État qui ne peut pas laisser sans ressources les départements. Si l'on ajoute à ces 10 millions la part que les indigènes prennent sous une autre forme au double budget du gouvernement général et des provinces, on arrive à une évaluation de 9 francs par tête. D'un autre côté, les Européens contribuent dans une assez large mesure aux charges départementales, ce qui porte leur contribution par tête de 32 francs à 40 ou 42 francs. On voit par là que le meilleur moyen d'augmenter les recettes, c'est d'augmenter le nombre des Européens.

XXII

L'IMPOT ARABE

Diminution du produit de l'impôt arabe. — L'achour.
— Le zekkat. — La lezma. — Vices de ces impôts. —
Exploitation des indigènes par leurs chefs. — Nécessité
d'une réforme. — L'impôt foncier.

En attendant que l'élément colonial se développe, si l'on veut avoir des ressources immédiates, on ne peut les trouver que dans une réorganisation de l'impôt arabe, car les impôts d'origine française sont liés d'une manière intime au système fiscal de la métropole, et ce sont eux précisément qui donnent les meilleurs résultats. Leur produit, à part quelques oscillations accidentelles, est naturellement et régulièrement progressif. L'impôt arabe, au contraire, tend à décliner. Il donnait en moyenne il y a douze ans (1861-1863), 14 millions. Aujourd'hui il ne donne plus que 10 millions. Il a diminué dans une proportion plus forte que la population arabe. On peut le relever sans surcharger les indigènes, parce qu'il est très mal assis, et qu'une meilleure assiette le rendrait tout à la fois plus productif pour le Trésor et moins onéreux pour les contribuables.

Les trois éléments essentiels de l'impôt arabe sont l'*achour*, le *zekkat* et la *lezma*.

L'achour est établi d'après le nombre des charrues, et l'on entend par charrue la superficie qu'un couple de bœufs peut mettre en culture dans une année. Dans la province de Constantine, la redevance est fixe; chaque charrue paie 50 francs. Dans les provinces d'Oran et d'Alger, on tient compte du produit de la récolte; la redevance est de 20, 30, 40, 50, 60 et 70 francs, selon que la récolte est réputée mauvaise, assez bonne, bonne ou très-bonne. Si la récolte est nulle, l'impôt est remis. Cet impôt a tous les inconvénients de la dîme sans en avoir les avantages; il frappe comme elle le produit brut et ne fournit pas une règle d'appréciation précise. De là une tendance inévitable à la culture superficielle. De vastes espaces légèrement cultivés donnent un produit brut peu considérable, mais un produit net relativement très-fort, les frais de culture étant réduits à leur minimum. Si l'impôt est fixe comme dans la province de Constantine, on évite l'arbitraire dans les appréciations, mais l'inégalité est encore plus grande. Non-seulement la culture demeure presque forcément superficielle, mais elle se concentre sur les terrains de plaine qui exigent moins de travail, les terrains montagneux sont délaissés.

Le zekkat est une taxe sur les bestiaux, tels que les moutons, les chèvres, les bœufs, les chameaux. L'espèce chevaline en est exemptée. C'est un privilége qui ne profite qu'aux chefs arabes. Le zekkat a, du reste, le même inconvénient que l'achour; il atteint le produit brut et ne tient pas compte des frais de production; des bêtes bien soignées, bien abritées, vivant sur des prairies entretenues par un travail continuel, payent une taxe égale à celle des troupeaux épars sur les terres de parcours où ils ne coûtent presque rien à leur propriétaire.

La lezma perçue dans les pays kabyles est une capitation. Les contribuables sont divisés en trois classes, d'après leur fortune présumée. La première classe paye 15 francs, la deuxième 10, la troisième 5. Il est évident que cette graduation ne correspond nullement à la différence des revenus. Bien qu'il n'y ait pas en Kabylie d'énormes disproportions entre les fortunes, le rapport, qui s'élève souvent, chez nous, de 1 à 100, quelquefois même de 1 à 1000 et au delà, ne peut être chez les Kabyles de 1 à 3.

Tous ces impôts ont de plus l'inconvénient d'être levés par les chefs arabes, qui usent et abusent de leur pouvoir pour pressurer les tribus qu'ils commandent. Ces chefs tirent de leurs abus un triple avantage : d'abord ils s'enrichissent personnellement, ensuite ils entretiennent la haine de la France, et enfin, quand leur action s'exerce en territoire militaire, ils compromettent l'honneur de notre armée, car les officiers des bureaux dont ils dépendent sont toujours soupçonnés, à tort ou à raison, d'être leurs complices.

L'établissement d'un impôt foncier unique remplaçant l'achour, le zekkat et la lezma serait un véritable bienfait pour les indigènes. Il devrait être réglé et perçu, comme il l'est en France, par les agents du service des contributions directes, avec la participation des conseils élus et sous le contrôle de l'autorité civile supérieure. Il ne serait pas nécessaire, pour réaliser cette réforme, d'attendre la confection du cadastre. Un recensement sommaire constatant d'une manière approximative la superficie des terrains imposés, la nature et l'importance des cultures, serait une base suffisante pour commencer. Un pas considérable a été fait dans cette voie par les arrêtés de l'amiral Gueydon en 1871 et le décret du 11 mai 1872. L'impôt arabe n'a pas été modifié radicalement comme il devrait l'être; mais on en a confié la perception aux agents des contributions directes et on a créé des recenseurs civils chargés de relever les matières imposables. Dans le courant de l'année 1872, douze cent mille hectares ont été recensés dans la province d'Alger. Les résultats obtenus sont de nature à encourager de nouveaux efforts. Dans certains cas, la taxe a pu être doublée, sur la seule déclaration du contribuable.

L'impôt foncier une fois établi devrait, sans aucune réserve, s'appliquer à toutes les terres du Tell; mais, pour ménager la transition, les propriétés coloniales seraient pendant un certain temps exemptées du principal, elles ne contribueraient qu'aux centimes additionnels destinés au budget des communes et des provinces. Les colons eux-mêmes ont déclaré à plusieurs reprises par leurs mandataires officieux et officiels qu'ils accepteraient volontiers cette nouvelle charge ainsi limitée, afin d'obtenir en retour la réforme de l'impôt arabe, réforme qu'ils considèrent avec raison comme essentielle à la prospérité de la colonie.

XXIII

OBSTACLES A LA COLONISATION.

État de guerre. — Militarisme. — Indécision des vues gouvernementales. — L'idée du royaume arabe. — L'Algérie considérée comme champ de manœuvres. — Ignorance et routine. — Principes fondamentaux en matière de colonisation.

Des causes multiples ont entravé jusqu'ici le progrès de la colonisation : d'abord un état de guerre permanent, puis, à partir de 1848, une paix troublée par des insurrections fréquentes ; la prédominance des chefs militaires qui veulent retenir entre leurs mains l'administration d'un pays conquis par nos armes à la suite d'une lutte longue et opiniâtre ; les vues indécises et les desseins mobiles du gouvernement central, qui flotte entre les systèmes les plus opposés, partisan tour à tour de l'occupation restreinte et de l'occupation étendue, des colonies militaires et des colonies civiles, passant de la chimère d'une colonisation décrétée et dirigée par l'État à la chimère du royaume arabe, idée funeste, due au même génie qui devait plus tard prosterner la France aux pieds de la Prusse; au milieu de toutes ces incertitudes, un seul point fixe autour duquel tournent tous les projets, comme les nuages autour d'un pic élevé, une seule préoccupation constante et ferme, celle de voir dans l'Algérie un vaste champ de manœuvres, un camp gigantesque où nos armées viendraient apprendre, par la pratique, l'art difficile de la guerre; enfin, et par dessus tout, le dédain des études sérieuses et des explorations scientifiques, l'ignorance des procédés employés avec succès par les peuples colonisateurs dans des régions différentes, la ténacité de notre routine administrative, qui est demeurée, à peu près, ce qu'elle était sous l'ancien régime, malgré nos révolutions.

De toutes ces causes, il est résulté que les vrais principes en matière de colonisation ont été longtemps négligés, et qu'après avoir été reconnus tardivement, ils ont été appliqués d'une manière maladroite, intermittente et incomplète. Ces principes, fruits de l'expérience, peuvent se résumer ainsi :

Faciliter les échanges de la colonie avec la métropole et l'étranger;

Rendre la terre accessible en droit et en fait aux émigrants capables de l'acheter ce qu'elle vaut et de l'exploiter;

Accorder aux colons une large part dans le maniement des affaires coloniales.

Qu'a-t-on fait à ce triple point de vue? Peu de chose jusqu'en 1848, un peu plus dans la période suivante, qui dure jusqu'en 1870, et bien qu'on soit entré depuis quelques années dans la voie des grandes réformes, il reste encore beaucoup à faire, soit pour consolider, soit pour étendre les améliorations accomplies.

XXIV

RÉGIME COMMERCIAL.

Rapports de l'Algérie avec la France. — L'Algérie traitée comme terre étrangère (1830-1850). — Loi du 11 janvier 1851. — Loi du 17 juillet 1867. — Rapports de l'Algérie avec l'étranger. — Ordonnances de 1835 et 1843. — Lois de 1851 et 1857. — Tarifs fiscaux. — Tarifs protectionnistes. — Douane du Sahara.

Au point de vue du régime commercial, l'Algérie, pendant vingt ans, a été traitée comme une terre étrangère. Ce fut seulement sous la seconde république, au mois de janvier 1851, que les produits algériens purent entrer librement en France. Même alors, on n'osa pas proclamer en principe la franchise de ces produits; on en dressa une liste et on déclara exempts de droits tous les objets qui s'y trouvèrent compris. Des formalités gênantes et inutiles étaient la conséquence de ce système, car il fallait prouver à la douane et l'origine et la nature des marchandises importées. Une loi du 17 juillet 1867 fit cesser cette gêne. Elle reconnut, sans avoir recours à une liste limitative, la franchise de toutes les importations.

Il semble que dans la période antérieure à la loi de janvier 1851, les rapports de l'Algérie avec l'étranger auraient dû être réglés d'une manière très-libérale. Puisqu'on repoussait de France les produits algériens, il eût été logique de ne pas imposer à l'Algérie les produits français. Cependant, les ordonnances de 1835 et de 1843 établissaient sur les marchandises étrangères, non-seulement des droits fiscaux, ce qui était naturel, mais encore des droits protecteurs, au profit de la métropole, ce qui était exorbitant. On se contentait, pour ne pas trop froisser les intérêts coloniaux, d'abaisser le tarif et d'exempter un certain nombre de matières premières.

Quand le principe d'assimilation triompha, les dispositions des ordonnances de 1835 et de 1843 relatives aux rapports avec l'étranger n'eurent plus rien d'anormal. Les lois de 1851 et de 1867 les modifièrent dans le détail, mais en s'inspirant de leur esprit.

Le régime actuel distingue cinq catégories de marchandises : 1° toutes celles qui ne figurent sur aucun tarif; elles sont complétement exemptes de droit; dans cette catégorie se trouvent les houilles, les matériaux de construction, les outils agricoles; 2° les marchandises originaires de la régence de Tunis, du Maroc et du sud de l'Algérie, si elles sont importées par voie de terre; elles sont également exemptes; 3° certaines denrées soumises à des droits purement fiscaux, par exemple les sucres, les cafés, les thés, les chocolats et cacaos, les vanilles, les alcools, les vins, les tabacs, les huiles minérales; 4° les marchandises soumises au payement du tiers des droits applicables dans la métropole (fontes, fers, aciers, produits chimiques, poteries, verreries, papiers, machines, etc.); 5° les marchandises soumises au payement intégral des droits applicables dans la métropole (tissus de toutes sortes, bâtiments de mer, morues, etc.).

Ce n'est pas encore la liberté telle que la voudraient les économistes, mais c'est un protectionnisme adouci, et il faut avouer qu'il est difficile d'obtenir plus tant que la métropole elle-même reste imbue des préjugés anti-économiques. Ce qu'on pourrait supprimer dès à présent, c'est la douane du sud, établie à l'entrée du Sahara : cette douane doit être bien onéreuse, si elle est efficace, et si elle n'est pas efficace, elle est ridicule.

XXV

RÉGIME DES TERRES.

Situation en 1830. — Le *Beylick*. — Biens *arch*. — Biens *melk*. — *Bled el Islam*. — Concessions de terres domaniales. — Inconvénients des concessions gratuites. — Vente des terres aux États-Unis, au Canada et en Australie. — Réforme introduite par les décrets de 1860 et 1864. — Terres non disponibles faute de géomètres. — Sénatus-consulte de 1863. — Le royaume arabe. — État du domaine après le sénatus-consulte. — Achats de terres par les européens aux indigènes. — Obstacles aux achats. — Opération du cantonnement. — Délimitation du territoire des tribus. — Promesse relative à l'établissement de la propriété individuelle. — Résistance du gouverneur et de la bureaucratie militaire. — Disette de 1867-68. — Loi du 26 juillet 1873.

Considérons maintenant le régime des terres. Là les erreurs ont été non moins graves et plus persistantes. Elles pèsent encore aujourd'hui d'un poids terriblement lourd sur les affaires algériennes.

Quelle était la situation en 1830, sous la régence turque? Il y avait dans le Tell 1 500 000 hectares constituant le domaine de l'État, sous le nom de Beylick ; 5 000 000 d'hectares affectés aux tribus à titre de jouissance collective (biens *arch*) ; 3 000 000 possédés par les Kabyles à titre de propriété privée (biens *melk*, d'origine romaine) ; 1 500 000 attribués à des familles arabes à titre de propriété privée, mais sur lesquels un droit supérieur de revendication était réservé au souverain (biens *melk*, d'origine musulmane) ; puis 3 000 000 d'hectares environ comprenant des forêts, des landes, des steppes, des broussailles, des lits de rivière, etc., ouverts au libre parcours des hommes et des bestiaux, appartenant à la communauté musulmane tout entière (*Bled el Islam*). Cette situation était loin d'être défavorable à l'œuvre colonisatrice. On ne sut pas ou l'on ne voulut pas en tirer parti.

On avait d'abord à offrir aux émigrants européens les terres du Beylick. Ces terres annexées au domaine de la France, à mesure que le pays était conquis par nos armes, furent, en effet, réservées aux colons jusqu'en 1863 ; mais dans un espace de plus de quarante ans, le chiffre des concessions ne dépassa pas 463 604 hectares. Le mot seul de « concession » suffit pour indiquer qu'on suivait alors un mode d'aliénation vicieux.

Les concessions présentent toutes sortes d'inconvénients. Elles ne sont gratuites qu'en apparence, et l'on peut souvent leur appliquer le mot de Talleyrand à Louis XVIII : « Que donnerez-vous à vos députés? » — « Rien. » — « Rien, c'est bien cher. » Elles sont en réalité conditionnelles. Les actes officiels les qualifient ainsi, et comme les conditions imposées peuvent être plus ou moins rigoureuses, que leur accomplissement peut être lui-même surveillé avec une sévérité plus ou moins grande par l'autorité administrative, on laisse à l'arbitraire une marge effrayante. On impose aux concessionnaires certains travaux, on exige d'eux une résidence effective. Qui ne voit combien il est facile d'adoucir ces charges dans la pratique jusqu'à les rendre presque illusoires, ou de les aggraver au point qu'elles deviennent insupportables? Il arrivera nécessairement que la concession sera une faveur pour les uns, un piége pour les autres, pour la grande majorité un droit sujet à mille contestations, traversé par des difficultés sans cesse renaissantes, soumis à des réserves qui l'énervent. En outre, les concessions dégoûtent des achats. Les solliciteurs écartent les acheteurs absolument comme la fausse monnaie chasse la bonne. On répugne toujours à payer ce qui se donne, même quand le don est accompagné de clauses onéreuses; à un sacrifice immédiat qui assurerait l'avenir, on préfère les risques lointains qui se dérobent derrière le prestige de la gratuité.

Je ne parle ici que des concessions individuelles. Les concessions faites à des corps constitués, à des établissements publics, par exemple aux communes et aux écoles, ont des avantages incontestables. On peut aussi admettre une exception à la règle générale, soit en faveur des compagnies qui sont chargées de certains travaux, tels que chemins de fer, dessèchement de marais, barrages, soit en faveur de groupes d'émigrants que la métropole tient à implanter sur le sol de la colonie par des considérations patriotiques ou sociales, dans des circonstances exceptionnelles analogues à celles où l'on se trouvait après la révolution de 1848 et après la perte de l'Alsace-Lorraine en 1871.

Il y a déjà près d'un siècle que l'un de nos meilleurs administrateurs coloniaux, Malouët, s'appuyant sur l'exemple des États-Unis, qui venaient de proclamer leur indépendance, condamnait le système des concessions gratuites. Il s'agissait de la Guyane. La France n'avait pas encore secoué le joug de l'ancienne monarchie. Malouët prêcha dans le désert. Il était naturel, en effet, qu'il ne trouvât aucun écho dans un monde où le privilége était le fond même de l'ordre social. Depuis cette époque, le champ de l'expérience s'est singulièrement agrandi. La république américaine s'est étendue des rives de l'océan Atlantique jusqu'au Pacifique ; sa population est montée de 3 millions à 40 millions d'habitants. Elle est restée fidèle au principe de la vente des terres à prix fixe ou aux enchères. Ce principe a été adopté au Canada en 1850 et dans les colonies australiennes en 1831, partout avec un égal succès. On s'est repenti souvent de l'avoir introduit trop tard, jamais de l'avoir pratiqué trop tôt.

L'administration française, si difficile à entamer quand il s'agit de réformes, se rendit enfin à l'évidence. Un décret de 1860, tout en maintenant le système des concessions, affranchit les concessionnaires des clauses résolutoires qui gênaient le plus la culture et recommanda pour l'avenir la vente d'une partie des terres domaniales. Un décret de 1864, achevant la réforme commencée en 1860, donna au système de la vente la prédominance et restreignit les concessions à quelques cas exceptionnels. Malheureusement, au moment où l'on se préparait à vendre, on découvrit qu'il n'y avait pas de terres en état d'être vendues.

« Il est souvent arrivé (dit une circulaire du gouverneur qui était alors le maréchal Pélissier) que par suite du défaut de terres disponibles, des émigrants apportant leurs capitaux en Algérie, avec l'intention d'y fonder des établissements agricoles, n'ont pu être placés avec toute la diligence désirable, ou ne l'ont été que dans de fâcheuses conditions d'isolement. Justement préoccupés de cet état de choses, les ministres de la guerre et de l'Algérie ont prescrit à plusieurs reprises, depuis 1850, d'aviser aux moyens d'y remédier, en tenant toujours préparées et alloties d'avance, les terres présumées nécessaires pour les besoins de l'émigration... Mais plusieurs difficultés locales, et notamment l'insuffisance du personnel des géomètres, ont longtemps empêché qu'on se départît à cet égard, aussi complétement qu'il l'eût fallu, des errements du passé. » Cette circulaire, datée du 28 juillet 1862, est une véritable révélation. Elle suffirait, à elle seule, en l'absence d'autres documents, pour reconstituer l'histoire de la colonisation algérienne. De quelle lumière impitoyable elle illumine le passé ! Voilà des émigrants qui arrivent ; ils se présentent avec des capitaux et demandent des terres ; ils devraient être accueillis à bras ouverts ; on les repousse.

Et pourquoi? Est-ce que la terre manque? Non, mais les lots ne sont pas prêts, de telle sorte que la colonisation languit faute de géomètres. Les géomètres sont donc bien rares en France! S'ils coûtent cher (et à coup sûr ils ne coûtent pas tant que des chanoines ou des chambellans), quelle dépense plus productive pourrait-on imaginer? En vérité de pareilles excuses sont indignes d'un peuple civilisé. Les étrangers peuvent en rire; il nous conviendrait plutôt à nous d'en pleurer.

Notez que le mal est signalé dès 1850 : douze ans après il dure encore, et je doute qu'aujourd'hui même, après une nouvelle période de douze années, le remède ait été bien sérieusement appliqué. En 1866 on a vendu aux Européens 4543 hectares (1). En 1867 la Compagnie algérienne a obtenu 100 000 hectares. En 1869 on a consacré 15 000 hectares à la création de onze villages. Cent dix-neuf mille cinq cent quarante-trois hectares, c'est bien peu, surtout si l'on songe au chiffre minime des lots individuels. En 1871 l'émigration des Alsaciens-Lorrains a causé un véritable désarroi. Contrairement à la circulaire du maréchal Pélissier déjà bien vieille,

(1) Les indigènes admis aux enchères, ont acheté à la même époque 6884 hectares.

on n'avait préparé à l'avance aucune espèce de lotissement. Il est vrai que dans l'intervalle un coup terrible avait été porté à la colonisation.

Pendant qu'on s'évertuait à améliorer le mode d'aliénation des terres domaniales, l'idée du royaume arabe germait dans la cervelle impériale et le sénatus-consulte de 1863 parut.

Par l'article 1ᵉʳ du sénatus-consulte « les tribus de l'Algérie sont déclarées propriétaires des territoires, dont elles ont la jouissance permanente et traditionnelle à quelque titre que ce soit. » Malgré les réserves contenues dans l'article 5 en faveur du domaine de l'État, les indigènes locataires ou prestataires de biens domaniaux furent admis à jouir du bénéfice de l'article 1ᵉʳ. Le domaine comprenait alors un peu plus de 900 000 hectares; 689 616 hectares, c'est-à-dire les trois quarts du total, furent aliénés ainsi en une seule fois et remis gratuitement aux Arabes. En 1870 après la concession de cent mille hectares faite à la Société algérienne (qui loue ses terres aux indigènes) et quelques ventes, il restait environ 130 000 hectares disponibles sur les 1 500 000 qui constituaient le Beylick en 1830 : et cependant les Européens ne possédaient pas plus de 738 000 hectares, dont 155 000 achetés par eux aux indigènes et 100 000 entre les mains d'une seule Compagnie. La colonisation individuelle ou familiale, celle qui mérite le plus d'intérêt, n'avait obtenu que 483 000 hectares, c'est-à-dire 32 pour 100 du domaine de l'État. Aujourd'hui, après le séquestre imposé aux tribus rebelles en 1871, séquestre qui a donné 171 000 hectares, on estime à 300 000 hectares environ les biens domaniaux cultivés ou susceptibles de l'être; par un décret de l'Assemblée nationale, cent mille hectares ont été affectés aux colonies d'Alsace-Lorraine; il ne reste donc que deux cent mille hectares environ, non compris, bien entendu, les forêts qui ne peuvent ni ne doivent être aliénées (1).

En dehors du domaine il y avait pour les colons une autre ressource : l'achat direct de la terre aux indigènes. Cette seconde ressource pouvait égaler la première, car la densité de la population était faible partout, excepté en Kabylie, et de vastes champs, non défrichés ou cultivés d'une manière superficielle, se trouvaient entre les mains des Arabes. Il était permis d'espérer que le libre jeu des transactions amènerait tôt ou tard à l'amiable un partage avantageux pour les uns et pour les autres. Mais ici encore les

(1) Voir pour l'étendue des forêts algériennes le chapitre XI, p. 143.

fautes de l'administration compromirent gravement les intérêts de la colonie. Les achats antérieurs à 1866 ne dépassent pas le chiffre de 120 000 hectares, soit en moyenne 6 à 7000 par an depuis la pacification générale qui suivit la prise d'Ab-el-Kader. De 1866 à 1868, ils montent à 35 000 hectares, soit en moyenne 11 à 12 000 par an.

L'obstacle aux ventes provenait de deux causes : 1° la propriété collective chez les Arabes était la règle et ce genre de propriété ne se prêtait pas aux transactions ; 2° la propriété privée elle-même régie par la loi musulmane reposait sur des titres obscurs, compliqués d'une foule de clauses résolutoires expresses ou tacites, ne donnant à l'acquéreur qu'une sécurité insuffisante. On ne se préoccupa guère de cet obstacle qu'en 1851. A partir de 1851 quelques réformes furent essayées. D'une part, on transforma le droit d'usufruit en un droit de pleine propriété restreint à une moindre surface ; cette opération appelée « cantonnement » porta sur une étendue de 343 000 hectares qui furent réduits à 282 000. D'autre part, on établit la propriété individuelle dans certaines fractions de tribus ; 42 982 hectares furent soustraits de cette manière au régime communiste.

Le sénatus-consulte de 1863 fit cesser l'opération du cantonnement. Il reconnut, sans compensation aucune, aux tribus arabes la pleine propriété des terres dont elles avaient la jouissance. Il ordonna de « procéder dans le plus bref délai : 1° à la délimitation des territoires des tribus ; 2° à leur répartition entre les différents douars de chaque tribu ; 3° à l'établissement de la propriété individuelle entre les membres de ces douars, partout où cette mesure serait reconnue possible et opportune. » En 1873 on avait limité les territoires de 402 tribus sur 723 comprenant près de 7 millions d'hectares et 1 100 000 habitants. Les territoires non encore délimités comprenaient 6 318 000 hectares et 1 246 000 habitants divisés en 321 tribus. Quant à la propriété individuelle le gouverneur n'avait jugé « possible ou opportun » de l'établir nulle part.

Des réclamations se firent entendre dans les hautes régions du pouvoir. En 1865 on dut se résigner à faire une enquête. Les caïds, les cadis et les notables des tribus se prononcèrent à l'unanimité en faveur de l'établissement de la propriété individuelle. Appuyé sur cette enquête, le conseil d'État insista pour l'application complète du sénatus-consulte. Un essai eut lieu et réussit ; vingt douars comprenant 50 000 hectares furent soumis au régime nouveau. Mais le maréchal Mac-Mahon, gouverneur de l'Algérie à cette époque, résistait toujours. Il fallut un décret spécial (1ᵉʳ juin 1870) pour le faire fléchir, décret tardif et insuffisant qui approuvait les opérations effectuées, sans assurer leur suite.

On jugera de la force d'inertie qu'opposait aux innovations les plus justes la bureaucratie militaire confiante dans la « loyauté » du gouverneur, par le fait suivant : En parcourant les budgets algériens, j'ai remarqué que les dépenses réelles étaient en général supérieures de beaucoup aux dépenses votées. Une seule exception à cette règle se rencontre : quand il s'agit de dépenses consacrées à la délimitation des territoires arabes, le chiffre réel cette fois est inférieur au chiffre voté. On retardait ainsi le plus possible les travaux préliminaires qui devaient conduire plus tard à cette constitution, tant redoutée, de la propriété individuelle. Le maréchal Pélissier se plaignait du manque de géomètres. Les amis du maréchal de Mac-Mahon trouvaient qu'il y en avait trop et rognaient les crédits alloués pour leur emploi.

Les lenteurs administratives nuisibles aux colons le furent bien davantage aux indigènes qu'on prétendait protéger. En attendant la délivrance des titres nouveaux, délivrance qui était indéfiniment retardée, les Arabes se trouvaient dans l'impossibilité de disposer de leurs terres. Ils ne pouvaient ni les aliéner ni les grever de charges hypothécaires. En 1866 et 1867 la sécheresse détruisit leurs récoltes. Ils avaient peu de réserves : les silos étaient dégarnis ; l'excédant des bonnes années avait été vendu, le produit dissipé en partie, en partie caché, mais non placé et par conséquent non grossi par l'accumulation des intérêts. Les ressources pécuniaires et mobilières furent épuisées bien vite. D'énormes emprunts devenaient nécessaires pour combler le déficit ; mais pour emprunter il faut du crédit et le crédit a besoin d'une base solide. La terre n'étant pas libre, cette base faisait défaut. L'imprévoyance du législateur et l'entêtement de l'administration condamnaient les Arabes à mourir de faim. Ils moururent en effet par milliers et par centaines de mille, malgré les secours de la métropole, la charité des colons et l'hospitalité des Kabyles. L'autorité, se sentant coupable, fit taire la presse, comme si le silence donnait du pain. Les Arabes continuèrent à mourir, en dépit des dénégations officielles, et le recensement de 1872 montra que le chiffre de leurs pertes dépassait cinq cent mille âmes.

Nous arrivons enfin à la loi du 26 juillet 1873 votée par l'Assemblée nationale sur le rapport du docteur Warnier. Cette loi pose le principe salutaire qui aurait dû être reconnu depuis longtemps. « L'établissement de la propriété immobilière en Algérie (dit l'article 1ᵉʳ), sa conservation et la transmission contractuelle des immeubles et droits immobiliers quels que soient les propriétaires, sont régis par la loi française. » Et l'article 3 ajoute : « Dans les territoires où la propriété collective aura été constatée au profit d'une tribu ou d'une fraction de tribu, par application du sénatus-consulte du 22 avril 1863, ou de la présente loi, la propriété individuelle sera constituée par l'attribution d'un ou plusieurs lots de terre aux ayants-droit... la propriété du sol ne sera attribuée aux membres de la tribu que dans la mesure des surfaces dont chaque ayant droit a la jouissance effective; la surface appartiendra soit au douar, comme bien communal, soit à l'État comme biens vacants ou en déshérence. » La loi est excellente. Comment sera-t-elle exécutée? Les paroles prononcées par le ministre de l'intérieur, à la fin du débat, nous inspirent quelques inquiétudes à cet égard. Le ministre a fait remarquer qu'une grande latitude était laissée au gouverneur; le gouverneur, après avoir consulté les conseils généraux, désignera les circonscriptions territoriales où la propriété collective sera transformée en propriété privée ; il devra, dans l'intérêt du Trésor, agir avec prudence. Je crains, je l'avoue, que cette fois encore on n'invoque le manque de géomètres.

XXVI

DROITS DES COLONS.

Dédain mal justifié de l'administration pour les colons. Liberté de la presse odieuse aux gouverneurs. — Reconnaissance tardive et incomplète des libertés locales. — Ordonnance du 23 octobre 1847 sur les municipalités. — Arrêté du général Cavaignac en date du 16 août 1848. — Période réactionnaire de 1849 à 1866. — Décret du 27 décembre 1866. — Conditions de l'électorat municipal. — Progrès et réaction (1870-1874). — Conseils généraux électifs décrétés par le général Cavaignac (décembre 1848). — Le prince Louis-Napoléon empêche leur établissement. — Décret du 27 octobre 1858 (conseils non élus). — Décret du 11 juin 1870 conseils élus). — Décret du 28 décembre 1870. — Question des assesseurs musulmans. — Dans quelle mesure et sous quelles conditions, les indigènes doivent être admis au maniement des affaires publiques. — Loi du 10 août 1871 appliquée en fait à l'Algérie. — L'ordre légal et l'arbitraire. — La représentation nationale complétée par les députés algériens sous la seconde et la troisième république.

Que de fautes auraient été évitées si l'on eût écouté plus souvent et plus tôt les colons ! La sûreté de leurs renseignements, la précision de leurs idées, la justesse et la constance de leurs vues, leur accord unanime et prolongé sur toutes les questions essentielles, leur confiance imperturbable dans l'avenir de l'Algérie, forment un parfait contraste avec l'incohérence des doctrines officielles, les incertitudes, les défaillances et les étourderies des gouverneurs ou de leurs bureaux (1).

Leurs prévisions ont toujours été justifiées par les faits. Ils ont soutenu que la colonisation par les commerçants et les artisans devait précéder la colonisation rurale ; notre propre expérience, conforme à celles des Américains et des Australiens, leur a donné raison ; aujourd'hui, l'on sait que les auberges, les débits et les ateliers sont les noyaux de petits groupes autour desquels les cultures horticoles et potagères d'abord, puis les grandes cultures, viennent s'établir. Dès 1863, ils ont annoncé qu'en cas de guerre européenne la féodalité arabe, que l'on ménageait avec tant de soin, nous causerait les plus cruels embarras : l'insurrection de 1871

---

(1) Voir notamment les ouvrages de MM. Jules Duval et Warnier (1857-1869), et les cahiers algériens soumis au Corps législatif en 1870, résumé récent de réclamations anciennes. Parmi les signataires des cahiers algériens, se trouvent MM. Bertholon, Warnier, Armand Arlès Dufour, Marès. Juillet de Saint-Lager, Paul Blanc, etc.

n'a que trop prouvé qu'ils ne se préoccupaient pas d'un péril imaginaire. A la même époque, ils ont dit que les promesses impériales relatives à la propriété individuelle avorteraient, si les tendances administratives n'étaient pas radicalement réformées; nous avons vu combien leurs méfiances étaient légitimes. Dès 1863 ils ont, d'une main courageuse, déchiré le voile que l'administration se plaisait à étendre sur les causes et les effets de la disette parmi les Arabes : le recensement de 1872 a montré qu'ils n'avaient rien exagéré, que le nombre des victimes s'élevait bien, comme ils l'avaient dit, à 500 000. Enfin, au commencement de 1870, ils ont rédigé un véritable code algérien qui contient en germe toutes les réformes faites dans les années suivantes, et bien d'autres non moins désirables qu'on se décidera sans doute à réaliser un jour.

Les pétitions et les livres ont été pendant longtemps le seul moyen, pour les colons, de faire connaître leurs besoins et leurs griefs. La liberté de la presse périodique, si restreinte et si précaire au sein de la métropole, a toujours été, en Algérie, l'épouvantail des gouverneurs. Aucun d'eux n'a eu la noble tentation d'imiter lord Bentinck qui, prenant en 1827 le gouvernement des Indes britanniques qu'il devait conserver jusqu'en 1839, commençait par affranchir la presse « afin, disait-il, d'être averti des faits et gestes de ses agents ». Ce lord Bentinck était un téméraire, un naïf. A quoi bon être averti ? Il est si difficile de corriger les abus quand on les connaît ! N'est-il pas cent fois plus commode de les ignorer et d'imposer silence à ceux qui les dénoncent ? La bureaucratie militaire a toujours pratiqué d'instinct les hautes maximes de la politique résolûment conservatrice.

A-t-on, du moins dans l'organisation de l'Algérie, respecté ces libertés locales que les Français du Canada obtinrent après le traité de 1763, non de leurs compatriotes, mais de leurs ennemis ? L'autonomie des communes et des provinces, dans le cercle des intérêts locaux, est un axiome pour tous les peuples colonisateurs, excepté pour nous. Il a fallu bien des efforts pour faire pénétrer dans l'esprit de nos hommes d'État, infatués d'eux-mêmes, cette vérité de bon sens, que les colons doivent avoir part à la direction de leurs affaires. Et, après tant d'efforts, rien n'est encore acquis d'une manière définitive.

L'ordonnance du 23 octobre 1847 donna pour la première fois aux communes les conditions d'une vie rudimentaire. Les maires et les conseils municipaux eurent désormais des attributions sérieuses; mais ni les maires ni les conseillers n'étaient élus : les premiers étaient nommés par le roi dans les communes de 3000 habitants et au-dessus et par le gouverneur dans les autres communes ; les seconds par le gouverneur dans toutes les communes. La république survint. Un arrêté du général Cavaignac, en date du 16 août 1848, déclara les conseils municipaux électifs ; en outre, tous les centres de population européenne, situés dans les limites du territoire civil, furent constitués en communes. La réaction napoléonienne et cléricale enraya le mouvement libéral dont le gouvernement républicain avait pris l'initiative. En 1850, des commissions municipales remplacèrent les conseils élus et, en 1854, on revint purement et simplement à l'ordonnance de 1847.

Douze années s'écoulèrent sans changement. Un décret impérial, rendu le 27 décembre 1866 et promulgué le 13 janvier 1867, rentra dans les voies tracées par le général Cavaignac : les conseils municipaux redevinrent électifs. On admit au vote les indigènes et les étrangers comme les Français, mais à des conditions différentes. Tout Français âgé de vingt et un ans, domicilié depuis un an au moins dans la commune et inscrit sur les rôles des impositions municipales, est électeur. On exige des étrangers et des indigènes l'âge de vingt-cinq ans et des étrangers seuls un domicile de trois ans. Les uns et les autres doivent, en outre, être propriétaires fonciers ou fermiers d'une propriété rurale, ou exercer une profession soumise à la patente ; un emploi public, une croix de la Légion d'honneur, une médaille militaire, une pension de retraite, suppléent à ces dernières conditions. La nomination des maires reste entre les mains du pouvoir exécutif.

La loi du 26 avril 1871, si tristement mutilée au mois de janvier 1874, a maintenu pour l'Algérie le décret de 1867. Il fut entendu cependant, dans la discussion, que le décret n'était plus applicable qu'aux étrangers et aux indigènes, et que les Français profiteraient de la loi de 1871. En fait, les conseils municipaux ont été renouvelés par le suffrage universel et les maires choisis parmi les conseillers. Depuis le 24 mai, une bourrasque réactionnaire analogue à celle de 1849 sévit en Algérie comme en France. Les libertés municipales sont de nouveau compromises. On impose aux populations des maires dont elles ne veulent pas, on dissout arbitrairement les conseils municipaux, on leur substitue des commissions dociles aux ordres du pouvoir, et, pour étouffer les plaintes, pour justifier à l'aise de mauvais choix, pour empêcher de rire aux dépens des sots qu'on a eu le malheur de mettre en place, on proclame l'état de siége.

L'histoire des conseils généraux est à peu près semblable à celle des conseils municipaux. Un arrêté du général Cavaignac, en date du 9 décembre 1848, décide « qu'il y aura dans chaque département un conseil général électif, dont les attributions seront les mêmes que celles des conseils généraux de France ». Le prince Louis-Napoléon arrive au pouvoir. Le bonapartisme refoule les idées républicaines. On ne prend même pas la peine de révoquer l'arrêté du général Cavaignac, on l'omet, et les trois provinces d'Alger, de Constantine et d'Oran retombent sous le régime de la dictature. Au bout de dix ans, le besoin d'un semblant de libéralisme se fait sentir. Un décret du 27 octobre 1858 établit des conseils généraux; mais les membres de ces conseils ne sont pas élus, ils sont nommés par l'empereur. En 1870 le ministère Ollivier poursuivant, avec plus de sincérité que de clairvoyance, la réconciliation de l'empire et de la liberté, reconstitue par voie d'élection les conseils généraux de l'Algérie. Les conditions de l'électorat sont empruntées, par le décret du 11 juin, à la loi municipale de 1866. Les étrangers indigènes sont appelés à élire un certain nombre de conseillers. L'élection est du reste limitée au territoire civil. Les représentants des territoires militaires, français ou musulmans, sont nommés par l'empereur. Un décret de la délégation de Bordeaux, en date du 28 décembre 1870, élargit dans un sens et rétrécit dans un autre les bases électorales posées par le décret de juin. Le nombre des membres du conseil général est fixé pour chaque département à trente-six, dont trente citoyens français et six indigènes musulmans. Les citoyens français sont élus par le suffrage universel. Les étrangers ne sont ni électeurs ni éligibles. Les indigènes musulmans portent le titre d'assesseurs et ne sont pas élus : ils sont nommés par le ministre de l'intérieur.

On s'est demandé si les assesseurs musulmans avaient voix délibérative. Un décret présidentiel, en date du 29 novembre 1871, a tranché la question par l'affirmative, malgré l'opposition du conseil d'Alger qui a été dissous. Une réforme sur ce point me paraît indispensable : si les musulmans votent, ils doivent être élus ou leur indépendance sera suspecte. En droit strict, ils ne devraient point être membres des conseils généraux, car ils ne sont pas citoyens français; mais, dans l'intérêt même de la colonie, il convient, selon moi, de les admettre, dans une certaine mesure, à prendre part au maniement des affaires coloniales. Je trouve dans les procès-verbaux du conseil d'Alger (session de 1872) des observations émanées d'eux empreintes d'une grande sagesse, notamment à propos de réquisitions de bêtes de trait ou de somme qu'on impose aux indigènes, et qui compromettent si gravement la race chevaline. Il est juste, par contre, d'étendre de plus en plus l'application du droit français aux musulmans. La loi sur la propriété individuelle l'a fait pour le statut réel. On n'a pas encore touché au statut personnel, aux successions, au droit familial; mais il faudra peu à peu, avec prudence, aller jusque-là. La polygamie, sans être un cas pendable, est une triste institution qui déprave l'homme et dégrade la femme. On ne peut songer à l'abriter indéfiniment sous les plis de notre drapeau. Quant aux étrangers, je pense aussi qu'ils ne doivent pas être exclus. Le meilleur moyen de les attirer d'abord et de les fixer ensuite parmi nous, c'est de leur accorder des droits partiels qui leur donnent en quelque sorte l'avant-goût de la naturalisation.

A un autre point de vue, une nouvelle intervention du législateur serait nécessaire. La loi du 10 août 1871 (la meilleure qui ait été faite par l'Assemblée élue en février) n'a pas été déclarée applicable à l'Algérie. En fait, elle a été appliquée pour tout ce qui concerne les attributions des conseils généraux et celles des commissions de permanence. Le fait ne peut suffire. Il faut qu'une règle fixe se substitue au provisoire et que l'autorité de la loi fasse cesser le règne du bon plaisir.

La république de 1848, qui avait donné à l'Algérie des conseils municipaux et des conseils généraux électifs, avait en même temps reconnu aux colons français un droit moins essentiel peut-être, mais d'un ordre plus élevé encore, le droit d'être représentés au sein de l'Assemblée nationale. Supprimé par le coup d'État de décembre et la dictature impériale, ce droit a été restitué aux Algériens par la république de septembre. Il serait bien regrettable qu'il fût aboli de nouveau ou amoindri. On ne saurait trop resserrer les liens qui unissent la colonie et la métropole. Dans les questions de colonisation la présence des députés coloniaux est indispensable ; le rapport du docteur Warnier sur la propriété individuelle a prouvé jusqu'à l'évidence l'utilité de la représentation algérienne. Dans les questions générales qui concernent l'ensemble de la politique française, il est bon d'avoir dans l'Assemblée un certain nombre de membres qui, par leur éloignement habituel du centre territorial, voient de plus haut, et d'une manière plus désintéressée à beaucoup d'égards, les intérêts de la patrie commune.

XXVII

LE PROGRÈS PAR LA LIBERTÉ.

Vicissitudes du régime économique et politique en Algérie. — Nécessité de poursuivre les réformes commencées. — Dépenses urgentes. — Remaniement de l'impôt. — Publicité. — Accueil des émigrants. — Diminution de l'armée. — Organisation des milices. — Augmentation de la gendarmerie. — Extension du régime civil. — Inconvénients d'un gouverneur militaire. — Le gouverneur doit être réellement civil. — Composition et attributions du conseil supérieur. — Identité du problème politique en France et en Algérie. — Possibilité d'une immigration plus grande. — Avantages qui en résulteraient pour la France.

Nous avons vu par quelles vicissitudes avait passé le régime économique et politique de l'Algérie. Dans la première période, qui s'étend de 1830 à 1847, les fautes commises s'expliquent et jusqu'à un certain point s'excusent par les nécessités de la lutte contre les indigènes. Dans la seconde période, qui s'étend de 1848 jusqu'à nos jours, elles doivent être exclusivement attribuées à l'ignorance, à l'incapacité, aux fantaisies, aux calculs égoïstes et aux passions rétrogrades de ceux qui ont eu entre leurs mains la direction des affaires. Cependant quelques lueurs de bon sens ont brillé parfois au milieu de ces ténèbres, et des réformes importantes ont été réalisées sous l'impulsion de l'esprit libéral qu'on n'a jamais pu, grâce à Dieu, éteindre entièrement parmi nous. Que reste-t-il à faire aujourd'hui ? Consolider ces réformes et les compléter.

Si le régime commercial était délivré des droits protecteurs qui l'embarrassent encore et de certains bureaux de douane, plus gênants qu'utiles, maladroitement plantés dans le désert, si les libertés municipales et provinciales étaient sérieusement respectées, si la loi sur la propriété individuelle était exécutée avec vigueur, si les terres domaniales propres à la culture étaient promptement et convenablement alloties en vue d'une vente prochaine, ce serait déjà un résultat d'une importance capitale.

Il faut éviter les dépenses de luxe ; mais il y a des dépenses devant lesquelles on ne doit jamais reculer, parce qu'elles sont rémunératrices au centuple. En première ligne se placent celles qui concernent la délimitation et l'attribution des terres. Indigènes et colons ont ici le même intérêt. L'intérêt des colons est visible. Celui des indigènes, quoique moins apparent, n'est pas moins réel. On n'améliore point une propriété indivise, et une propriété négligée, mal défrichée, mal irriguée, cultivée superficiellement, ne résiste pas aux sécheresses intempestives. L'effroyable famine de 1867 et 1868 doit être toujours présente dans nos souvenirs. Pour éviter le retour d'une calamité pareille, l'honneur exige que la France fasse tout ce qui est humainement possible. Il n'y a rien au monde de plus urgent. Qu'on ne dise pas que l'argent manque. On le trouvera certainement le jour où un gouverneur, honnête homme, déclarera qu'il ne peut pas plus se passer de géomètres qu'un capitaine de navire ne peut se passer de boussole.

La réforme de l'impôt arabe, telle que nous l'avons indiquée à propos des budgets algériens, est le complément naturel des mesures relatives au régime des terres. Il faudrait y joindre une publicité plus complète pour tout ce qui concerne la colonisation et en particulier pour les ventes de terres domaniales, un bureau d'émigration dans les principales préfectures de France, un manuel pratique à l'usage des émigrants et pour ceux qui arrivent, des soins empressés, des directions utiles, un accueil bienveillant. Les États-Unis, malgré leur développement colossal, ne négligent aucun de ces détails. D'autres réformes, réclamées depuis longtemps par les colons, méritent encore d'attirer l'attention publique.

L'armée pourrait être diminuée. Le maréchal Niel avouait au Corps législatif, dans la séance du 13 avril 1869, qu'il suffirait de 45 000 hommes pour garder l'Algérie. Depuis cette époque, une insurrection formidable, favorisée par des circonstances exceptionnelles et l'attitude étrange des autorités militaires, a été vaincue, des routes ont été ouvertes, des centres nouveaux de population européenne ont été créés, la féodalité arabe a perdu ses principaux chefs, on pourrait donc descendre au-dessous du chiffre indiqué par le maréchal Niel. Une milice organisée sur le pied des milices suisses fournirait au besoin 25 000 hommes de plus pour la défense des villes et des bordj. L'augmentation de la gendarmerie aiderait encore à une diminution de l'armée. Le nombre des gendarmes est de 700 ; il est de moitié inférieur au chiffre de la métropole, en tenant compte de la différence de population ; il devrait, au contraire, être supérieur. Un millier de gendarmes serait plus utile pour le maintien de la sécurité que dix mille hommes de troupes ordinaires et la dépense serait trois ou quatre fois moindre.

L'extension du régime civil dans le Tell devrait être poursuivie sans relâche. Un grand progrès a été réalisé à ce point de vue sous l'administration de l'amiral Gueydon. Quelques déceptions ont eu lieu. Elles ont eu pour cause soit l'inexpérience des nouveaux administrateurs, soit l'insuffisance de leurs pouvoirs, soit la résistance secrète et obstinée des bureaux arabes qui refusaient de mettre leurs successeurs au courant des affaires, quelquefois même retenaient par devers eux les dossiers. Un recul dans cette voie serait déplorable. Il est prouvé aujourd'hui que les Arabes obéissent parfaitement aux magistrats civils, quand ceux-ci disposent, comme cela doit être, de la force armée et qu'ils savent se rendre respectables par leur caractère, leur intelligence et leur activité. Il y a cette différence entre un chef militaire et un magistrat civil que, si une insurrection éclate, le premier y trouve des chances d'avancement, le second voit sa carrière compromise. Je suis convaincu qu'avec une certaine dose d'énergie et de persévérance, on parviendrait à appliquer le régime civil, en deçà des limites sahariennes, au territoire militaire tout entier qui aujourd'hui encore embrasse les quatre cinquièmes du Tell.

Toutes ces réformes dépendent à vrai dire

d'une réforme plus haute et plus radicale qui transformerait l'esprit de l'administration algérienne. Il est bien difficile qu'un général mis à la tête d'un gouvernement soit autre chose qu'un commandant militaire. On peut lui donner le titre de gouverneur civil : mais il faudrait presque un miracle pour qu'il en eût les qualités. Où et comment aurait-il appris à supporter la contradiction, à respecter les libertés publiques, à faire la part de l'initiative individuelle, à s'affranchir du joug de la routine? Il n'aura d'autre idéal que l'autorité absolue. La plus légère piqûre le mettra hors de lui. Au moindre embarras, il aura recours à l'état de siége. Il sera toujours disposé à trancher les questions au lieu de les résoudre. Les habitudes de la vie civile lui manquent. Les études nécessaires à l'homme d'État ne lui manquent pas moins. Que de choses dont le sens et la portée lui échappent en matière de législation, de finance, d'économie politique! Son ignorance le livre en proie à ses propres fantaisies ou il devient la dupe et le jouet de ses bureaux. Très-menaçante pour les simples citoyens, son autorité sera à peu près nulle à l'égard de ses subordonnés : elle fera défaut précisément là où elle devrait peser de tout son poids. Et puis comment échapperat-il aux influences du passé, aux liens des vieilles amitiés ? Comment se résignera-t-il à diminuer le rôle d'anciens camarades qu'il estime, qu'il aime, qui détiennent des postes importants et lucratifs, qui représentent pour lui le monde où il a vécu, où il a souffert, où il a déployé son courage et ses talents, le milieu où il s'est formé ?

Même au point de vue militaire, il me semble qu'il y a inconvénient à confondre dans un seul homme des fonctions qui exigent des aptitudes différentes. Dans la période de lutte continue, de 1830 à 1848, on pouvait et on devait peut-être agir ainsi. La conquête était l'œuvre principale, la colonisation était l'accessoire : on sacrifiait le chef civil au chef militaire. Aujourd'hui, la prédominance des intérêts coloniaux est évidente. Mais alors pourquoi détourner de ses occupations professionnelles un général éminent, quelquefois illustre, un homme de guerre qui doit se tenir sans cesse au courant de la stratégie moderne ? La patrie attend de lui d'autres services que ceux qu'il peut rendre en Afrique. Un si haut personnage n'est pas nécessaire pour contenir les Kabyles et les Arabes ; sa pensée doit être ailleurs ; son esprit doit être tendu vers un objectif plus proche et plus digne de lui, du côté où se trouvent les grands périls et les grandes difficultés.

Ce qui convient en Algérie, c'est un gouverneur purement et simplement civil qui connaisse le pays, qui ait une compétence sérieuse dans les questions coloniales, et qui impose le respect par sa supériorité morale et intellectuelle. Il devrait être entouré d'un conseil supérieur, dans lequel, contrairement à ce qui a lieu aujourd'hui, les délégués des conseils généraux auraient seuls voix délibérative, les fonctionnaires pouvant être appelés à donner leur avis, mais non à émettre des décisions et à contrôler leurs propres actes. Ce conseil surveillerait la marche des affaires, voterait les règlements d'administration publique et préparerait les lois qui devraient être soumises à l'Assemblée nationale.

Des deux côtés de la Méditerranée, le même problème se pose. Il faut choisir entre une autorité justement restreinte, mais ferme et vigilante par cela même qu'elle ne sort pas des limites de ses attributions naturelles, et une autorité exorbitante, tracassière, se mêlant de tout, surtout de ce qui devrait rester à l'abri de ses atteintes, indécise et molle dès qu'elle rentre dans la sphère d'action qui lui appartient. Il faut choisir entre l'intérêt de la France et l'intérêt d'une classe ou d'une dynastie. Il faut choisir entre la science et la routine, entre le progrès et l'immobilité. Notre relèvement dépend de nous. Que la république s'affermisse, que l'esprit républicain pénètre nos institutions, nos idées, nos mœurs et nous saurons tirer profit de toutes nos ressources. L'Algérie alors ne sera pas un embarras, mais une force. Grâce à l'indomptable énergie de nos colons, elle a grandi, elle s'est développée malgré tous les obstacles accumulés par un système de gouvernement inepte. Qu'on lui ôte ses entraves, qu'on ajoute à la fécondité de son sol, au charme de ses paysages l'attrait de la liberté, qu'on règle le régime des terres d'une manière conforme aux principes de la civilisation européenne et les colons ne lui manqueront pas.

Les ardeurs du soleil n'effraieront pas les émigrants futurs. Leurs devanciers les ont bravées à une époque où il n'y avait ni plantations d'eucalyptus, ni routes, ni barrages, ni écoulement pour les eaux stagnantes des marais. Les travaux agricoles ne se font pas là-bas en pleine canicule ; ils finissent quand l'été commence et alors s'ouvre une période de repos, comparable à notre saison hivernale. Les hommes du Nord s'acclimatent en Algérie quand ils prennent les précautions nécessaires. A Douéra, dans le Sahel, il y a une colonie alsacienne qui date de 1843 : à la Stidia, près de Mostaganem, une colonie allemande fondée en 1846 ; entre Oran et Arzew, plusieurs colonies parisiennes établies en 1848 ; enfin, les colonies d'Alsace-Lorraine, organisées depuis deux ans dans les trois provinces, ne paraissent nullement languir.

Supprimez dans le *farwest* américain la liberté qui y règne, qu'aurions-nous à lui envier? L'hectare en friche s'y vend au minimum 11 francs ; dans notre Algérie, il vaut deux ou trois fois plus, mais la distance est dix fois moindre ; ce qui compense largement l'avantage d'un prix inférieur. Nous ne disposons pas sans doute d'un espace aussi vaste ; cependant, il y a place pour plusieurs millions d'êtres humains vivant à l'aise à côté des indigènes. Il faudra encore bien des années avant que l'émigration ait comblé ce vide, serait-elle cinq ou six fois plus considérable qu'elle n'est aujourd'hui, car à présent, elle ne dépasse guère le chiffre de quatre mille âmes par an. Un courant plus fort n'amoindrirait point la population de la métropole. Il ne faut pas craindre de le provoquer. Il en est des hommes comme des produits ; ils se multiplient en proportion des débouchés qu'on leur ouvre. Conquise et défendue par notre armée si vaillante, si tenace quand elle a les chefs qu'elle mérite, défrichée en partie par nos intrépides colons, explorée par nos savants, vivifiée par nos capitaux, la France africaine est déjà, en dépit des fautes commises, un titre d'honneur pour la France européenne ; gouvernée dans un esprit libéral, administrée avec sagesse, peuplée par un afflux nouveau d'émigrants, elle deviendrait pour nous, sous l'égide de la république, un élément de puissance, un moyen d'expansion, une preuve vivante et glorieuse de notre génie civilisateur.

FIN.

NOTE

COMPLÉMENTAIRE ET RECTIFICATIVE

SUR LE JARDIN D'ESSAI

Les premiers travaux entrepris au Hamma ont été dirigés par le commandant Bérard. — Les figuiers qui forment, avec les magnolias, une allée parallèle à celle des palmiers appartiennent à l'espèce dite *ficus macrophylla*. Le *ficus elastica* se trouve dans les carrés latéraux. — L'arbre du voyageur (*ravenala madagascariensis*) ne donne pas un fruit comestible, mais on mange ses graines pilées et cuites dans du lait. C'est l'*anona cherimolia* qui a un fruit crémeux. Cet arbre réussit très-bien à Alger et se multiplie. — Les graines du *croton sebiferum* sont d'abord très-blanches; elles deviennent brunes en mai et avril à mesure que le suif qui les entoure disparaît.

Voyage en Algérie.

CARTE DE L'ALGÉRIE

ENVIRONS D'ALGER

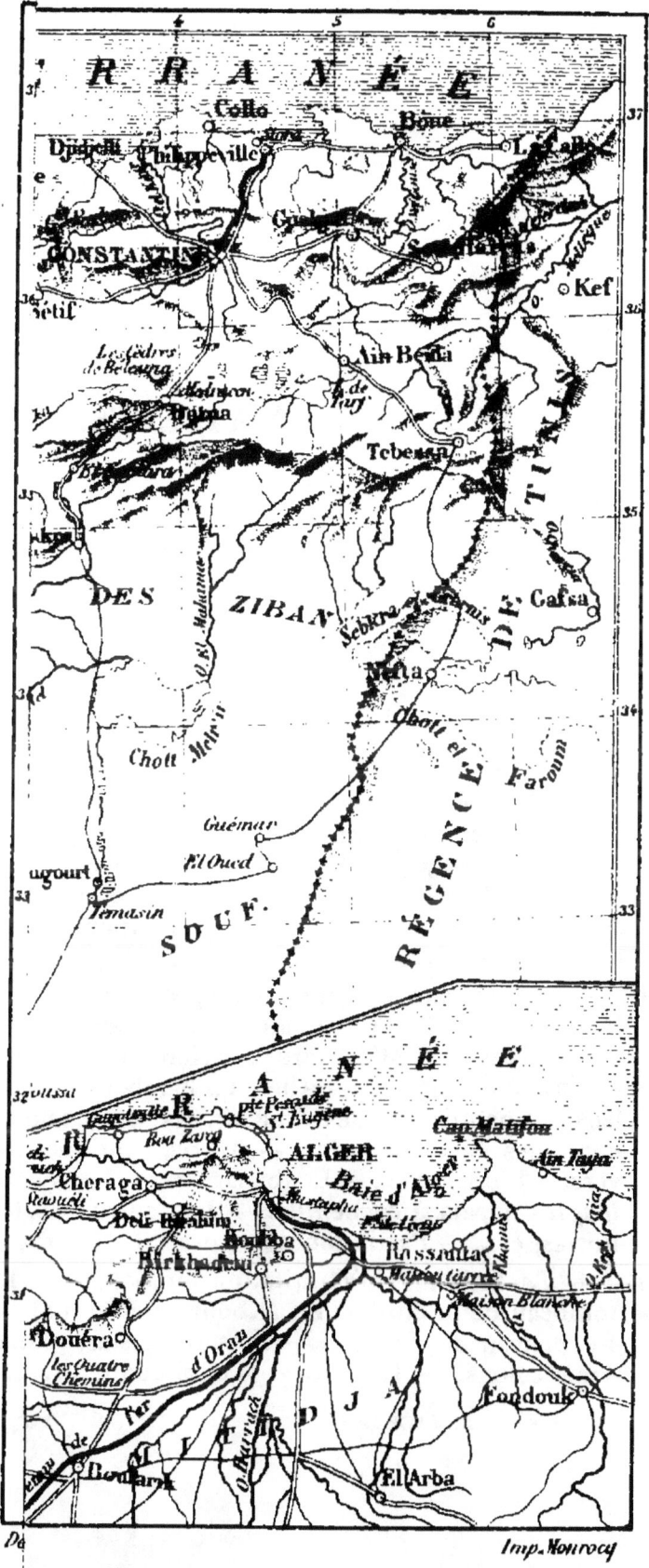

TABLE DES MATIÈRES

Avant-propos. — Notice bibliographique........ ᴠ
Préambule.................................... ɪ
I. — *La baie et la ville d'Alger.* — Le vent du sud. — Durée de la traversée. — Aspect général de la baie d'Alger. — La ville vue du port. — Intérieur de la ville. — Contraste des quartiers et des types. — Conflits entre le gouvernement et la municipalité................................ 3
II. — *Les environs d'Alger.* — *Le jardin d'essai.* — Promenades au nord et au sud. — Origine du jardin d'essai. — MM. Hardy, Rivière et Durando. — Entrée du jardin. — Allée des bambous. — Allées des palmiers et des dragonniers, des *chamærops*, des *ficus*. — Le lac. — Arbres exotiques divers. — L'*oreodoxa*. — Les bananiers. — Les *grevilea*, les nopals à cochenille. — Les autruches, les norias, etc. — Partie montagneuse du Hamma.. 17
III. — *Le Sahel.* — Délimitation du Sahel. — Le tombeau de la chrétienne (Kbour er Roumia). — Le plateau de Staouëli. — Les trappistes. — Les vrais colons. — Koléah. — Tefschoun.......... 27

IV. — *La Mitidja.* — Etendue de la Mitidja. — Le chemin de fer. — Les Arabes dans nos diligences et nos wagons. — Les plantations d'eucalyptus. — MM. Ramel et Cordier. — Avantages et singularités de l'eucalyptus. — Le casuarina. — Boufarik. — Marché du lundi. — Oued el Halleg. — Blidah. — les gorges de la Chiffa. — La route de Laghouat. — Marengo....................

V. — *La plaine du Chélif.* — Le chemin de fer d'El Affroun à Affreville. — La plaine et le cours du Chélif. — La montée d'Affreville à Milianah. — Milianah et ses minoteries. — Les sauterelles. — Dévastations qu'elles causent. — Moyens de les combattre. — Aspect de la plaine entre Affreville et Relizane. — Splendeur de la flore au printemps. — Pauvreté des cultures. — Orléansville. — Le soldat laboureur. — La mosaïque de Saint-Reparatus. — Les adieux d'un chef arabe. — Relizane. — Le barrage de la Mina. — Excursion au pied de l'Atlas........................

VI. — *Oran.* — Saint-Denis du Sig. — Aspect d'Oran. — Développement de la population et du commerce. — Mers el Kebir. — Santa Cruz. — Une exploitation rurale aux environs d'Oran. — Misserghin. — L'orphelinat. — L'asile. — Le ravin. — La flore oranaise. — La plaine des Andalouses. — Un domaine de 3000 hectares............

VII. — *Tlemcen.* — Ain-Temouchen. — Les marbres d'Aïn Tekbalet. — Le marché du pont de l'Isser. — Les bois d'oliviers de Tlemcen. — Site, climat et ressources de la ville. — Rues et industries indigènes. — Les mosquées. — Les ruines du camp de Mansourah. — Les caravanes du Maroc. — Bou-Médine. — Conversation d'un arabe avec un conseiller-général. — Bévues administratives.

VIII. — *Sidi-Bel-Abbès.* — Cascade du Safsaf. — Le djebel Rouméliah. — Les bois de thuyas. — L'alfa. — Territoire des Ouled-mimoun. — Lamoricière. — Cascade de l'Isser. — Vallée de l'oued Mekerra. — *Tulipa celsiana*. — Importance de Sidi-Bel-Abbès. — L'administration municipale. — Le culte de la Vierge. — Route de Sidi-Bel-Abbès au Tlélat.. 96

IX. — *Mostaganem*. — Colonies créées en 1848 entre Oran et Mostaganem. — Saint-Cloud, Arzew, Mazagran. — Décadence de Mostaganem. — Le ravin de l'Aïn Safra. — Le village arabe. — La vallée des jardins. — Retour de nuit à Alger. — Un paysage digne de Salvator Rosa. — Le parfum des orangers et des eucalyptus. — Les phares, le gaz et le clair de lune............................. 107

X. — *Constantine*. — Traversée d'Alger à Stora. Escales de Dellys et Bougie. — Fromentin. — Escales de Djidjelli et Collo. — Stora. — Bois de chênes-liège. — Philippeville. — Chemin de fer de Philippeville à Constantine. — Rudesse du pays numide. — Le plateau de Constantine. — La cité aérienne et la cité souterraine. — Caractère des indigènes. — Leurs monuments. — Œuvres des Français. — Procès des insurgés de 1871. — El Hadded, Mokrani, Ben-Ali-Chérif. — L'armée et les bureaux arabes — Environs de Constantine. — Le Rummel. — Les bains de Sidi Meçid. — Excursion à Rouflac, territoire des Beni Ziad. — Les colons d'Alsace-Lorraine. — Le goum arabe et la fantasia.. 113

XI. — *Batna*. — Route de Constantine à Batna. — Le Medracen. — La ville de Batna. — Lambèse. — Le pénitencier. — Les ruines romaines. Le *prætorium*. — La statue d'Esculape. — Les mosaïques. — Les briques de la 3e légion. — Les forêts en Algérie. — Essences dominantes dans chaque province. — Chemin de Batna aux baraques des bûcherons. — Les cèdres de Belezma. 137

XII. — *El Kantara*. — La diligence de Batna à Biskra. — Limites du Tell et du Sahara. — Etendue de ces deux régions. — Aïn Touta. — Le désert de pierres. — Le défilé d'El Kantara. — Le village français. — Le pont romain. — La sortie du défilé. — Un monde nouveau. — L'oasis d'El Kantara. — Dernières ramifications de l'Aurès. — El Outaïa. — L'*eleagnus orientalis*. — Le col de Sfa. — Vue du grand désert............ 147

XIII. — *Biskra*. — L'arrivée. — L'hôtel. — Le climat. — Le village français. — Le village nègre. — Le village arabe. — Intérieur de l'oasis. — La vieille mosquée. — Le parc de M. Landon. — L'oued Biskra. — L'Aurès et l'oasis au coucher du soleil. — Aïn Hamman, Zaatcha, Drohen, Sidi Okba. — La flore saharienne au printemps. — Le drinn, le voile de la négresse, la rose de Jéricho, les buissons de *limoniastrum*, etc. — Dromadaires et chameaux............................ 158

XIV. — *Populations et produits du Sahara*. — Les diverses zones du Sahara. — Les puits du désert. — Races indigènes. — Berbères soumis et sédentaires. — Touaregs. — Arabes nomades. — Traits de mœurs. — Culture des palmiers. — Valeur des dattes comparée à celle des céréales. — Richesse des oasis algériennes. — Moyens de l'augmenter. — Débouchés probables. — Valeur des dépouilles d'autruche. — Caravanes du Soudan. — La traite des nègres. — Intérêts moraux et matériels de la France................. 170

XV. — *La petite Kabylie*. — Les Berbères. — Les deux Kabylies. — Route de Constantine à Sétif. — Colonies alsaciennes. — Fermes de la compagnie génoise. — Sétif. — Le djebel Magris. — Types kabyles. — Les eaux minérales. — Le fort de Takitoun. — La vallée de l'oued Agrioun. — Le Châbet-el-Akra. — Le versant méditerranéen. — Bois de frênes, rosiers et rossignols. — Le golfe de Bougie. — L'auberge du cap Casse. — L'oued Sahel. — Bougie et ses environs. — Le phare du cap Corbon.................................... 184

TABLE DES MATIÈRES

XVI. — *La Kabylie du Djurjura*. — Limites de la grande Kabylie. — Route d'Alger à Fort National. — État des champs à la fin de mai. — Cueillette de la petite centaurée. — L'Alma et Belle-Fontaine. — Colonies alsaciennes. — Col des Beni-Aïcha. — Troupes de travailleurs Kabyles. — Souk-el-Djemâ. — L'oued Sebaou. — Tizi Ouzou. — Montée du Fort-National. — Caractères de la végétation. — Cultures indigènes. — Curieux aspect des villages. — Les femmes et leurs amphores. — Les petits mendiants. — Fort-National. — Établissements civils et militaires. — Vue du haut de la forteresse sur le Djurjura, le cours de l'Aïssi et l'ensemble du pays............ 199

XVII. — *Mœurs et institutions kabyles*. — Différences entre les Kabyles et les Arabes. — Organisation politique et sociale des Kabyles. — Autonomie de la commune. — Pouvoirs de l'assemblée municipale ou djemâa. — Le droit pénal privé. — L'ousiga et la rekba. — L'anaïa. — Développement du principe de l'association volontaire. — Les çofs. — La juridiction des marchés. — Les zaouïas de marabouts. — Les ordres de Khouans. — Autorité restreinte du Coran. — Règlement des successions. — Liberté absolue des contrats. — Le prêt à intérêts. — La rahnia et l'antichrèse. — L'assistance publique et privée. — Bel exemple donné pendant la disette de 1867-1868. — Le partage des viandes (timacheret). — Le délit de gloutonnerie (thaseglouth). — Prétendus excès de la démocratie. — Lacunes de la civilisation kabyle. — Traits essentiels de l'esprit kabyle. — Résultats de l'occupation française............... 210

XVIII. — *Coup d'œil rétrospectif*. — Retour en France. — Résumé des observations faites en Algérie. — Beauté du pays. — Richesses naturelles. — Importance de l'œuvre coloniale. — Optimisme du voyageur. — Nécessité de contrôler les impressions personnelles par les documents statistiques. 230

XIX. — *Développement matériel et moral de l'Algérie.* — Importations. — Exportations. — Navigation. — Escomptes de la banque. — Travaux publics. — Ports, phares, routes et chemins de fer. — Enseignement supérieur. — Enseignement secondaire. — Enseignement primaire.......... 236

XX. — *Population.* — Tableau de la population en 1872. — Recensements antérieurs. — Décadence de la race indigène. — Accroissement insuffisant de l'élément européen. — Étendue du territoire. — Communauté d'intérêts entre les européens et les indigènes.................... 244

XXI. — *Budgets algériens.* — Recettes ordinaires, prévues et réglées, de 1862 à 1867. — Recettes prévues de 1868 à 1874. — Dépenses ordinaires de 1862 à 1874. — Dépenses inscrites au budget de la métropole. — Dépenses et recettes extraordinaires. — Comment équilibrer le budget algérien. — Ressource médiocre des économies. — Possibilité d'augmenter les recettes. — Distinction entre les impôts français et les impôts arabes. — Part contributive des européens et des indigènes...... 249

XXII. — *L'Impôt arabe.* — Diminution du produit de l'impôt arabe. — L'achour. — Le zekkat. — La lezma. — Vices de ces impôts. — Exploitation des indigènes par leurs chefs. — Nécessité d'une réforme. — L'impôt foncier 255

XXIII. — *Obstacles à la colonisation.* — État de guerre. — Militarisme. — Indécision des vues gouvernementales. — L'idée du royaume arabe. — L'Algérie considérée comme champ de manœuvres. — Ignorance et routine. — Principes fondamentaux en matière de colonisation............ 260

XXIV. — *Régime commercial.* — Rapports de l'Algérie avec la France. — L'Algérie traitée comme terre étrangère (1830-1850). — Loi du 11 janvier 1851. — Loi du 18 juillet 1867. — Rapports de l'Algérie avec l'étranger. — Ordonnances de

1835 et 1843. — Lois de 1851 et 1857. — Tarifs fiscaux. — Tarifs protectionnistes. — Douane du Sahara.. 263

XXV. — *Régime des terres.* — Situation en 1830. — Le Beylick. — Biens arch. — Biens melk. — Bled el Islam. — Concessions de terres domaniales. — Inconvénient des concessions gratuites. — Vente des terres aux États-Unis, au Canada et en Australie. — Réforme introduite par les décrets de 1860 et 1864. — Terres non disponibles faute de géomètres. — Sénatus-consulte de 1863. — Le royaume arabe. — État du domaine après le Sénatus-consulte. — Achats de terres par les européens aux indigènes. — Obstacles aux achats. — Opération du cantonnement. — Délimitation du territoire des tribus. — Promesse relative à l'établissement de la propriété individuelle. — Résistance du gouverneur et de la bureaucratie militaire. — Disette de 1867-68. — Loi du 26 juillet 1873. 265

XXVI. — *Droits des colons.* — Dédain mal justifié de l'administration pour les colons. — Liberté de la presse odieuse aux gouverneurs. — Reconnaissance tardive et incomplète des libertés locales. — Ordonnance du 23 octobre 1847 sur les municipalités. — Arrêté du général Cavaignac en date du 16 août 1848. — Période réactionnaire de 1849 à 1866. — Décret du 27 décembre 1866. — Conditions de l'électorat municipal. — Progrès et réaction (1870-1874). — Conseils généraux électifs décrétés par le général Cavaignac (décembre 1848). — Le prince Louis-Napoléon empêche leur établissement. — Décret du 27 octobre 1858 (conseils non élus). — Décret du 11 juin 1870 (conseils élus). — Décret du 28 décembre 1870. — Question des assesseurs musulmans. — Dans quelle mesure et sous quelles conditions les indigènes et les étrangers doivent être admis au maniement des affaires publiques. — Loi du 10 août 1871 appliquée en fait à l'Algérie. — L'ordre légal et l'arbitraire. —

La représentation nationale complétée par les députés algériens sous la seconde et la troisième République.................................. 281

XXVII. — *Le progrès par la liberté*. — Vicissitudes du régime économique et politique en Algérie. — Nécessité de poursuivre les réformes commencées — Dépenses urgentes. — Remaniement de l'impôt. — Publicité. — Accueil des émigrants. — Diminution de l'armée. — Organisation des milices. — Augmentation de la gendarmerie. — Extension du régime civil. — Inconvénients d'un gouverneur militaire. — Le gouverneur doit être réellement civil. — Composition et attributions du conseil supérieur. — Identité du problème politique en France et en Algérie. — Possibilité d'une immigration plus grande. — Avantages qui en résulteraient pour la France....................... 292

Note sur le jardin d'essai....................... 303

FIN DE LA TABLE DES MATIÈRES.

COULOMMIERS. — Typ. A. MOUSSIN

www.ingramcontent.com/pod-product-compliance
Lightning Source LLC
Chambersburg PA
CBHW071253160426
43196CB00009B/1272